こうの早苗の
おしゃれな
大人服

主婦と生活社

prologue

年齢を重ねた今の私が、本当に楽しみたい
〝等身大のおしゃれ〟。

この本を作りながら、ずっと頭の中をめぐっていた言葉です。

最近ますます、〝年相応〟を意識するようになってきた私。
花柄ひとつとっても、そう。
世の中には素敵な花柄の生地はたくさんあるけれど、
眺めて可愛い花柄が、私が身につけても素敵とは限りません。
ましてや、体型や肌の色など
少しずつ変わり始めているのも事実ですから。

「大人が似合う花柄とは」「今の私にふさわしい服とは」

そんな自問自答を繰り返しながら
生地を探しに遠くへと足を運んだり、
納得いくまでデザインをやり直す日々でした。

そして、ようやくでき上がったのがこの一冊。
自分でも驚くほどシックなラインナップになりましたが、
それはもとより、今の私を映し出している証かもしれません。
私のおしゃれのこだわりや
大人の花柄の楽しみ方も、いっぱいちりばめました。

私と同世代の大人の女性に着てほしい、等身大のおしゃれ服。
ぜひ、ごらんください。

こうの早苗

Contents

chapter 1 ▶ 6　生地を変えて、形を変えて
ひとつのパターンで一年じゅう楽しめるワンピース
　　6　基本のワンピース　　　　8　サンドレス風ワンピース
　　9　天使柄のワンピース　　 10　アンティークローズ柄のワンピース
　 11　ピンクウールのワンピース　12　ボレロ付きワンピース
　 13　ギンガムチェックのワンピース

chapter 2 ▶ 15　コーディネートがグンと楽しくなる!
優秀なトップス&ボトムス
　 16　チュニック　 18　Aラインスカート　 20　ワイドパンツ　 22　ボレロ

chapter 3 ▶ 24　大人の黒、私流の着こなし方
　 24　ドレープ付きリネンワンピース　　26　スラッシュあきデニムワンピース
　 28　基本のワンピースで…Party Style　29　基本のワンピース+ボレロで…Black Formal

chapter 4 ▶ 30　憧れの〝ウィリアム・モリス〟を身にまとう
　 31　基本のワンピース(Vネックアレンジ)　32　4枚はぎワンピース
　 33　ボレロ(コート丈)　　　　　　　　　34　ボレロ(ジャケット丈)+タイトスカート

　 14　*column*　シンプルな手作り服をもり立てる
　　　　　　　　私のおしゃれマストアイテム

　 35　作り方と解説

　 36　*Basic Lesson 1*　材料と道具選び
　 38　*Basic Lesson 2*　採寸とサイズ選び
　 39　*Basic Lesson 3*　型紙の作り方
　 42　*Basic Lesson 4*　裁断のコツ
　 79　*Basic Lesson 5*　グレーディング
　 80　*Basic Lesson 6*　押さえておきたいソーイングテクニック

　 82　協力店リスト

Chapter 1
One-piece

基本のワンピース

ダーツで立体的に仕上げたシルエットは、体にほどよくフィットし、首まわりもすっきり。シンプルな形は、作りやすい上に、生地の美しさを最大限に生かしてくれます。花が密集した「総柄」と呼ばれる赤い生地と、すき間の色が主役の青い生地。どちらも主張しすぎない花柄なので、大人っぽく着られます。

作り方…43ページ

生地を変えて、形を変えて
ひとつのパターンで
一年じゅう楽しめるワンピース

これさえあればワードローブは充分と思えるほど、ベーシックで飽きのこない
私のお気に入りパターン。基本の型紙を少し変えるだけでアレンジも楽しめる
お得なワンピースをご紹介します。体のラインを美しく見せる自慢のシルエットです。

さらりとした
リネン地の肌ざわりが
心地よい季節です

Early Summer

足さばきのいい
サンドレスで
軽やかに涼しげに
Midsummer

サンドレス風ワンピース

arrange
- ノースリーブに
- 裾を広げて

真夏の青空に映えそうな、鮮やかなグリーンのサンドレス風ワンピース。ノースリーブのパターンも使い勝手は抜群。裾を少し広げると、カジュアルで可愛らしい印象になります。
作り方…52ページ

ひんやりした風に秋を感じたら
シックなプリント柄が恋しくなって

Early Autumn

天使柄のワンピース

arrange
♥ ノースリーブに

大人っぽい天使の絵と渋いグレーが気に入って、フランスで買い求めたインテリアファブリック。ノースリーブは、上着をはおっても袖のあたりがもたつかないのがいいですね。
作り方…51ページ

ブーツを合わせた
カジュアルスタイルは
この時期の私の定番

Autumn

アンティークローズ柄の
ワンピース

arrange
▶ ノースリーブに
▶ 丈を短く

厚みのあるインテリアファブリックは、高級感があって、体のラインを拾わないのもうれしいメリット。ワンピースの丈を少し詰めて、大好きなスエードブーツが似合うデザインに。
作り方…51ページ

「Sanderson ウェイブリッジ」DVIPWE202／マナ トレーディング

Xmas Eve

華やかなウール地で
仕立てれば
パーティにふさわしい装いにも

ピンクウールの
ワンピース

arrange

- ノースリーブに
- 丈を短く
- 裏地をつけて

ラメ糸入りの厚手ウールは、冬ならではのぬくもりと、ゴージャスな気分を演出してくれます。裏地をつけて着心地よく、アクセサリーやストールで、私らしさをプラスしました。

作り方 → 53ページ

旅先で出会った
チャーミングなマダム。
そんなイメージで作ったひとそろい

Spring

ボレロ付き
ワンピース

arrange

▶ 共布のジャケットを
合わせて

真っ白な服を着こなしたフランス人マダムのカッコよさが忘れられず、白のリネン地で再現。ボレロを合わせたセットアップは、コサージュをつければ入学式などにもよさそうです。

作り方…43/63ページ

Spring

芽吹く季節の
晴れやかな気分を
若草色のワンピースに託して

ギンガムチェックの
ワンピース

arrange

▶ 七分袖に
▶ 裾を広げて

フレアのスカートに七分袖というちょっぴり甘いデザインを、さわやかなギンガムチェックで。背筋を伸ばしてさっそうと着こなしたい、春らしい一枚になりました。

作り方…**52ページ**

左の2本は小吹恵さん、右は佐藤理恵さんという作家さんが製作してくれたもの。遊び心のあるデザインが好きです。

シンプルなワンピースは、どうしても胸もとが平坦な印象になりがち。顔まわりを華やかにさせるためにも、私にとって絶対にはずせないのがネックレスです。

今回の撮影も、自分でコーディネートをしたのですが、作品を作りながら「この服には、あのネックレスを合わせようかな」とすでにイメージしていたほど！

ネックレスはポイントになってほしいので、大ぶりのものを選びます。最近は、少し長めでY字に下がるタイプがお気に入り。バランスがとりやすく、顔をほっそり見せる効果も期待できるんです。

Accessories
形の好みは年々変わっていくの
アクセサリー

シンプルな手作り服をもり立てる
私のおしゃれマストアイテム

ブーツは私にとってスニーカーのように身近な存在。ヒールは、背筋がピンと伸びて姿勢がよく見えるのがいいですね。

Shoes
"ヒールは高め"が私のルール
靴

おしゃれは足元からと言いますが、私も靴が大好き。買いにいくときは、合わせたい服を着て店を訪れ、鏡の前で何度も試着します。何時間も粘って、結局買わずに帰ってくることもしょっちゅう。本当に気に入った靴を見つけるのは難しいと、つくづく思います。

数年前から履くようになったのが、ヒールの高いパンプス。全身のどこか1カ所に華奢な部分をつくると、大人っぽく見えるんですよね。外国で、年配の方がピンヒールで歩いている姿を見かけると、「ああいうカッコいい年のとり方をしたい」と憧れてしまうんです。

コーディネートがグンと楽しくなる！
優秀なトップス＆ボトムス

着心地がよく、体型もカバーしてくれて、しかもおしゃれ心をくすぐられる——。
そんな三拍子そろった優秀アイテムは、毎日大活躍してくれること間違いなし。
私流コーディネートのポイントも、一緒に参考にしてください。

Chapter 2
Tops & Bottoms

チュニック
▶
Aラインスカート
▶
ワイドパンツ
▶
ボレロ

着心地抜群！夏の定番
チュニック
Tunic

Vネックで
顔まわりすっきり

二の腕をほどよく隠す
肩のライン

ウエストは共布の
リボンでシェイプ

安心感のある着丈

ウエストやヒップをすっぽり隠す、ラクチン服の代表といえばチュニック。
「ふんわり」と「すっきり」を両立させることが、優秀アイテムに格上げするコツです。
たっぷりとギャザーを寄せてももたつかない、薄手のローン地で作るのがおすすめ。

作り方…**56ページ**

ふんわりチュニックには
細身のパンツでメリハリをつけて

ぎっしりと花で埋まったカラフルなプリント地は、白いパンツに合わせたくてデザインした、私のオリジナル生地。ふんわりチュニックには、丈の短い細身パンツが鉄則です。

後ろの首まわりもVネック。髪をまとめて後ろ姿もすっきり見せて。

ブルーで仕立てると
クールな印象に

ブルーのギンガムチェックなら、さらに洗練された印象に。ここでもボトムは白のスリムパンツを選び、はっきりした色合いのアクセサリーでポイントをつくります。

ラクチンなのにおしゃれ度が高い
ワイドパンツ
Wide Pants

大きなポケットが
使いやすい

後ろ側にゴムを入れて
着心地よく

ストンとした落ち感で
体型をカバー

ともするとパジャマのように見えてしまうワイドパンツを、
おしゃれな一着にするコツは、質のいいしっかりとした素材で作ること。
張りのあるリネン地なら体型もカバーし、あらたまった席にも堂々と着ていけます。

作り方…60ページ

トップスは体にフィットするシャツでコンパクトにまとめて

トップスがぶかぶかの服では、それこそ部屋着スタイルに。小さめのシャツで、メリハリをつけることが大切です。インナーとパンツの色をそろえると、ほっそり見えますよ。

パンプスを合わせてカジュアルスタイルを女性らしく

昔はパンツスタイルにマニッシュなブーツを合わせていましたが、最近はヒールのある靴を合わせるのが好き。「H&M」のカジュアルシャツも女性らしく見えるでしょう？

「MANAS-TEX リノーヴァ」11(ナチュラル)、14(白)／マナ トレーディング

1枚あるととっても重宝
ボレロ
Bolero

ラグランスリーブが
愛らしさいっぱい

飾りボタンなら
仕立ても簡単

短めの袖からは
インナーをのぞかせて

お好みで着丈を変えて
楽しめる

衿付きジャケットほどかしこまった感じがなく、ちょっぴり広がった裾と
短めの袖が可愛らしいボレロ。面倒なボタンホールの代わりに、
マグネットホックをつけました。裾を伸ばせばジャケットやコートにも！

作り方…63ページ

スカートも共布で

スカートはコートと同じくらいの丈なので、コートの前を開けてさっそうと着こなして。

作り方…**78**ページ

ちょっぴりレトロな飾りボタンで、さらに個性をプラス。コートの前を留めて着ても素敵です。

「Sanderson エッチングローズ」DPFPET205（コート、スカート共に）／マナ トレーディング

個性的なプリント地をコートに仕立ててスタイリッシュに

ボレロの丈を伸ばせば、コートもあっという間。パンツを合わせてマニッシュに決めてもいいし、共布で作ったタイトスカートと合わせれば、スタイリッシュな装いに。

作り方…**65**ページ

フェミニンな花柄×スエードが絶妙な甘辛バランス

スエードの柔らかな風合いが、やさしい花柄を引き立てる、私の大好きなコーディネート。ボレロには少し厚手の生地を選ぶと、上着としての使い勝手もいいようです。

「Sanderson ウェイブリッジ」DVIPWE204（ボレロ）／マナ トレーディング

Chapter 3
Black Style

大人の黒、
私流の着こなし方

仕事の打ち合わせや、あらたまった会合に出席するなど、
服装に気をつけたい場面では、黒い服が役に立ちます。
ともするとシャープな印象にもなりがちですが、
大人っぽさの中に甘さが見え隠れする
優しいデザインのワンピースが私は好きです。

生地をたっぷり使って
柔らかなシルエットに
ドレープ付きリネンワンピース

ウエストにドレープやギャザーをたっぷり寄せた、体型カバーも期待できるエレガントなワンピース。リネン地だからほどよくカジュアルで、気負いなく着られます。

作り方…**69ページ**

ふっくらしたカフス袖で、気になる二の腕もカバー。ブレード付きのインナーとアクセサリーで、胸もとに華やぎを添えて。

arrange

ラメ入りのリネン地なら
ドレープの美しさが際立ちます

同じリネンでも、ラメの入った華やかな生地に変えれば、結婚式にも出席できる高級感のある一着に。アクセサリーもゴールドがお似合い。

「SAHCO ALIMIRA」2211-01／マナ トレーディング

シンプルなデザインだから
大胆な花柄も映えます

黒地に大輪のケシの花をあしらった、大胆なインテリアファブリックで仕立てると、ワンピースがグッと大人っぽい雰囲気に。

作り方… **74**ページ

切り替えのデザインは
生地によって使い分けます

素っ気なさすぎるのも、大人のワンピースとしては物足りないもの。無地のデニムには、切り替えでアクセントをつけて。

せっかくの素敵な生地に、余計なハサミは入れたくない。生地の美しさを優先したいときは、スラッシュだけでシンプルに。

「Sanderson Charlbury」DCOUCH201／マナ トレーディング

切り替えで胸もとに表情をプラス

スラッシュあき
デニムワンピース

カジュアルなデニム地も、黒だったらシックに着こなせます。張りのある素材は着やせ効果も大。前身頃の切り替えをポイントに、あえてシンプルに仕立てました。

作り方…**72ページ**

基本のワンピースで…
Party Style

基本のノースリーブタイプのワンピースを、黒のウール地で仕立てたシックな一着。モヘアで編んだショールをはおり、アクセサリーで華やぎを添えれば、夜のパーティにも自信をもって出席できます。

作り方…53ページ

表面に凹凸のある生地なので、黒といっても表情豊か。衿ぐりにブレードを縫いつけて、いっそう豪華な印象に。

黒のワンピースは
デザイン次第で礼服にも。
それぞれのシーンにふさわしい
布づかいを心がけて

基本のワンピース＋ボレロで…
Black Formal

この年齢になると、喪服を着る機会が増えるもの。着心地のよい、自分サイズの一着を持っておくと安心です。ワンピースは丈を長めにして、ボレロとともに裏地をつけ、張りをだしました。

作り方…53/66ページ

織り柄入りの綿ジャカードに、存在感のあるボタンで、さりげないおしゃれ心を。

Chapter 4
William Morris

憧れの"ウィリアム・モリス"を身にまとう

身近なモチーフを大胆にアレンジする「ウィリアム・モリス」のテキスタイルは、昔から私の憧れでした。
今回これらの生地で作品を作る機会をいただき、あらためて思いが深まった気がしています。
ソーイングの腕が上がったら、みなさまもぜひ挑戦して
この素晴らしい「モリス」の世界に触れてみてください。

樹木や草花をモチーフにした
モリスのテキスタイルは
大胆で、でもどこか懐かしくて
150年を経た今なお、
人々を魅了し続けています。

英国の思想家、詩人でもあり、芸術家として後の世代に多大な影響を与えたといわれる「ウィリアム・モリス」。裕福な家庭に生まれ、幼いころから自然に囲まれて過ごし、のびやかな感性が育まれていきました。やがて結婚し、新居を建てる際に室内の装飾を手がけたのが、インテリアデザインを始めたきっかけ。身近な自然をモチーフに、緻密に計算されたテキスタイルは、今なお圧倒的な存在感。デザインにどこか日本的な香りが漂うのも、私たちがノスタルジーを感じる理由かもしれません。

取材協力／マナ トレーディング

生地名：ブレア ラビット

Brer Rabbit

基本のワンピース
(Vネックアレンジ)

モリスが子供たちに読み聞かせた「レアムおじさん」という物語。そこに登場する賢いウサギがモチーフだそう。甘さを抑えた大人っぽい生地は、衿ぐりをVネックにアレンジしたクールなワンピースに仕立てて。

作り方 ── 51ページ

「MORRIS&Co. ブレア ラビット」DMORBR202／マナ トレーディング

生地名：ストロベリー シーフ

Strawberry Thief

4枚はぎ ワンピース

育てていたイチゴを鳥に食べられるという、園芸家としても知られるモリスらしいエピソードから生まれた「いちご泥棒」。楽しいモチーフを生かして、フェミニンなワンピースに。

作り方 … 75ページ

スカートにボリュームがあるぶん、トップはすっきりさせて。共布のリボンで愛らしく。

「MORRIS&Co. いちご泥棒」220314／マナ トレーディング

生地名：クリサンティマム トワレ

Chrysanthemum Toile

ボレロ（コート丈）

和服を彷彿とさせるような、大輪の菊の模様が新鮮！ 肌なじみのいい落ち着いた色調なので、生地をたっぷり使うコートに仕立てて、テキスタイルの存在感を堪能します。

作り方…**65ページ**

「MORRIS&Co. クリサンティマム トワレ」DMCOCH201／マナ トレーディング

Kennet

生地名：ケネット

ボレロ（ジャケット丈）＋タイトスカート

ひまわりと葉のモチーフが、ぶどうのパターンの上で曲線を描く、モリスの真骨頂ともいうべき美しいデザイン。こっくりとした紫色が素敵だったので、同色の無地を合わせてセットアップにしました。

作り方…68/78ページ

「MORRIS&Co. ケネット」220323（スカート）、「MANAS-TEX キガリ」108（ボレロ）／マナ トレーディング

How to make 作り方と解説

作品 index

p 43	基本のワンピースの作り方…p6、7、12
p 51	基本のワンピース ▶arrange（ノースリーブに／丈を短く／Vネックに）…p9、10、31
p 52	基本のワンピース ▶arrange（裾を広げて／七分袖に）…p8、13
p 53	基本のワンピース ▶arrange（裏地をつけて）…p11、28、29
p 56	チュニック…p16-17
p 58	Aラインスカート…p18-19
p 60	ワイドパンツ…p20-21
p 63	ボレロ…p12、22-23
p 65	ボレロ ▶arrange（コート丈に）…p23、33
p 66	ボレロ ▶arrange（裏地をつけて）…p29
p 68	ボレロ ▶arrange（ジャケット丈に）…p34
p 69	ドレープ付きリネンワンピース…p24-25
p 72	スラッシュあきデニムワンピース…p27
p 74	スラッシュあきワンピース ▶arrange（切り替えなし）…p26
p 75	4枚はぎワンピース…p32
p 78	タイトスカート…p23、34

●すべての作品は、綴じ込み付録の実物大型紙を使って作ります。各作品の解説ページに、使用する型紙が書いてありますので、必要な枚数を型紙から正しく抜き出してください。

●生地の用尺は、裁ち合わせ図に示した布幅の場合です。布幅が変わると使用量も変わります。また、方向性のある生地や、大きな柄を生かして型紙を配置したい作品などは、余裕を持って生地をご用意ください。

●図中の数字の単位はcmです

Basic Lesson 1

材料と道具選び

まずは、ソーイングに欠かせない基本的な材料や道具をご紹介。
使い勝手のいい道具は作業をスムーズにし、吟味した素材は仕上がりのよさにもつながります。

ソーイングに必須の道具

ソーイングを始めるのに特別なものは必要なく、裁縫箱に入っているようなごく一般的な道具があればOK。ただし、型紙を作る用紙だけは手芸店で購入しましょう。布用のハサミは、布以外のものを切ると切れ味が悪くなるので、紙用のハサミとは使い分けて。アイロンやアイロン台は、接着芯ののりが付着することがあるので、お手入れはこまめにしておきましょう。

採寸・型紙作りには…
メジャー、ハトロン紙、定規、シャープペンシル（鉛筆）、紙用ハサミなど。

手芸店で「ハトロン紙」や「製図用紙」などの名称で売られている。ロールタイプだとムダなく使え、折り目がないのできれいに線が引ける。

裁断・印つけ・縫製には…
ミシン、縫い針、まち針、ピンクッション、定規、しつけ糸、糸切りバサミ、裁ちバサミ、アイロン、アイロン台など。

あると便利な道具

使いやすく考えられた道具を使うと、作業はよりスムーズに、仕上がりはより美しくなります。ソーイングの腕前が少しアップして、ますます作りたくなったら、ぜひそろえてみてください。

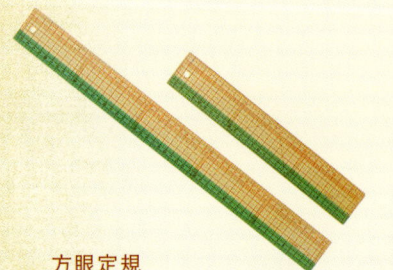

方眼定規
型紙を写したり、縫い代をつけたりするのに使う。透明で、色の濃い生地の上でも目盛りが読めるタイプが便利。

ウエイト
型紙を写すときや裁断をするときに、紙や布がずれないように置く。ジャムの空き瓶や平らな小石などでもOK。

目打ち
角をきれいに整えたり、ミシンがけの布送りを補助したりと、細かい作業に。持ち手が太いと力が入れやすい。

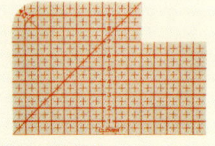

アイロン定規
裾や袖口など、アイロンで縫い代を一定の幅で折り返すときに、これを使うと便利。厚紙に線を入れて使ってもいい。

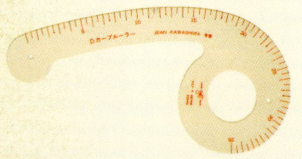

カーブ尺
本来は自分で製図を引く際に使用するものだが、型紙の袖ぐりや、衿ぐりを写すときにも、きれいなカーブが描ける。

チャコペン
合い印を写すときなどに使う。鉛筆タイプのほか、時間がたつと消えたり、水で消えたりするマーカーなどもある。

リッパー
縫い目に先端を差し入れ、Y字の刃先部分に糸を引っかけて切る。ハサミでは布を傷つけそうな、細かい部分に使う。

袖まんじゅう
縫い合わせた肩など、立体的な部分にアイロンをかけたいとき、布の後ろ側にあててアイロンをかける。

生地

　生地が薄すぎて作品のシルエットが変わってしまったり、逆に厚すぎて、美しいギャザーやドレープが作れなかったり…。生地選びは、仕上がりに直接影響するもの。柄だけにとらわれず、素材や厚みにも注意して生地を選ぶことが大切です。また、色味を合わせるために、生地を購入するときに糸やファスナーも一緒にそろえましょう。

 綿　初心者が最も扱いやすい生地。薄手の木綿地はギャザーやドレープが美しく寄るぶん、体のラインを拾いやすいなどのデメリットも。織り地によって縮み方にも差があるので、必ず〝地直し〟を。

 麻　着ているうちに風合いが増してくることでも、人気の生地。布目の方向に強く縮む性質があるので、こちらも〝地直し〟を。パンツなど着丈にこだわりたい作品は、少し長めに作っておくのも手。

 **ウール**　厚手だったり生地に表情があったりで印つけが難しい生地は、〝切りじつけ〟が必要。生地の重みで着丈が伸びるので、裾上げの手前で一晩吊り干しをしたあと、仕上げをするといい。

ミシン糸とミシン針

　生地によって糸と針を使い分けることは、きれいに仕上げるポイントにもなります。薄すぎる生地はミシンの取り扱いが難しく、厚い布に細い針を使うと折れやすいなど、場合によっては注意も必要です。普通地用のミシン針は頻繁に使うので、多めに用意しておくと安心。糸も生成りか白、黒か紺を持っておくと、たいていのものに応用できます。

布の種類	ミシン糸	ミシン針
薄地（ローン、オーガンジー、レースなど）	90番	9号
普通地（木綿地、薄手のデニムなど）	60番	11号
厚地（デニム、帆布、キルティングなど）	30番	14号

※この本に出てくる作品は、すべてミシン糸60番、ミシン針11号で作られています。

糸の選び方

　糸は巻いてある状態よりも縫ったときのほうが色が薄く見える傾向があります。手芸店で糸を買う際は、布を持参し、店に置いてある糸の見本帳で色を確かめましょう。ぴったり合う色がないときは、淡い色の生地には少し淡い色を、濃い色の生地には少し濃いめの糸を選ぶとよいでしょう。

糸の見本帳。糸の下に生地を当てて、色を選ぶ。

多色プリントの場合は、生地の地色、もしくは最も印象的な柄の色を選ぶのがコツ。

接着芯

　生地に張りを持たせてきれいなシルエットを保ちたいときや、生地の伸びや洗濯による型崩れを防ぐために貼るのが、接着芯。生地によっては接着芯がなじまない場合があるので、余り布で試し貼りをしてから使用しましょう。

接着芯（織り地タイプ）
平織りなのでバイアス方向にも伸び、どんな素材ともなじみやすい。裁つときは、表地と接着芯の布目をそろえることがポイント。薄地、中厚地、厚地などがあり、用途に合わせて選ぶ。不織布タイプは生地となじまないことが多いので、ソーイングでは使用しない。

接着テープ
テープ状の接着芯で、ファスナーつけやポケット口、衿ぐりなどの縫い代の補強に、手軽に使えて便利。「伸び止めテープ」とも呼ばれ、織り地タイプとニットタイプがある。

Basic Lesson 2

採寸とサイズ選び

お気に入りの布で作っても、サイズが合わなければ、せっかくの苦労が水の泡。体に合った作品を作るために、最初にきちんと採寸し、サイズをよく吟味しましょう。

採寸

なるべく薄着になり、全身が映る鏡の前で自然な姿勢で立ちます。体に対してメジャーを水平に巻き、バスト・ウエスト・ヒップを測ります。ひとりでは正確に測りづらいので、誰かに測ってもらうのがベスト。ヒールがある靴とない靴とでは、丈が変わってしまうので、パンツ丈やスカート丈を測るときには、そのパンツやスカートに合わせる靴を履きましょう。

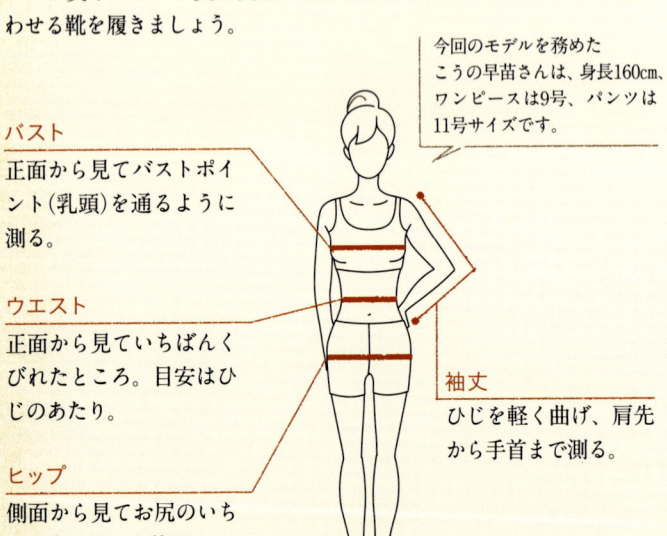

今回のモデルを務めたこうの早苗さんは、身長160cm、ワンピースは9号、パンツは11号サイズです。

バスト　正面から見てバストポイント(乳頭)を通るように測る。

ウエスト　正面から見ていちばんくびれたところ。目安はひじのあたり。

ヒップ　側面から見てお尻のいちばん出っぱった位置。

袖丈　ひじを軽く曲げ、肩先から手首まで測る。

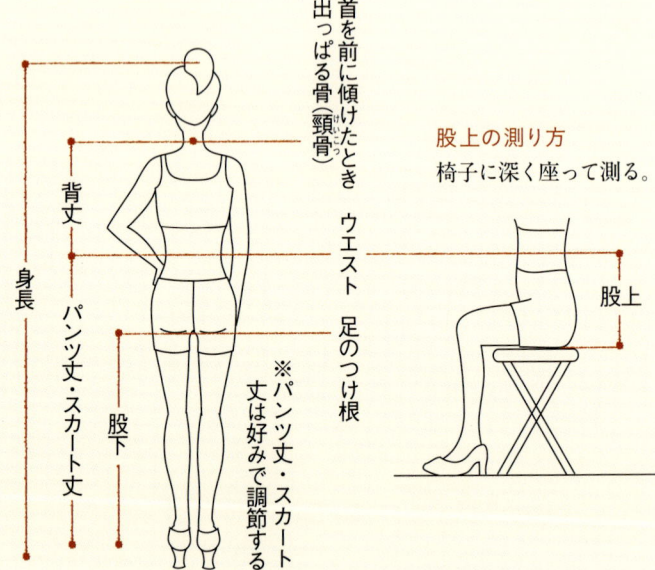

首を前に傾けたとき　出っぱる骨(頸骨)
背丈
身長
ウエスト　足のつけ根
パンツ丈・スカート丈
股下
※パンツ丈・スカート丈は好みで調節する

股上の測り方　椅子に深く座って測る。

サイズ選び

この本では、下記のヌード寸法をもとに実物大型紙を製作しています。採寸した寸法とヌード寸法を比較し、近いサイズを選びましょう。さらに、各作品の作り方ページのでき上がり寸法を確認し、製作するサイズを決めてください。9～13号以外のサイズは、79ページを参考に型紙を調節してください。

単位(cm)

サイズ	バスト	ウエスト	ヒップ	背丈	袖丈
9号	82	64	86	38	54
11号	86	68	90	38	54
13号	90	72	94	38	54

サイズ選びのコツ

製作する作品と似たような形のアイテムを持っていたら、大きさを比較してみましょう。でき上がりの大きさや形が、具体的にイメージしやすくなります。

パンツの場合は、丈やウエスト、ヒップのほかに股上と股下を型紙と比べてみるとよい。

Basic Lesson 3

型紙の作り方

自分のサイズと作りたい作品が決まったら、さっそく型紙のパーツを作りましょう。付録の型紙はたくさんの線が交差しているので、別の紙に写して使います。

パーツの名称

作り方の説明でよく登場する言葉をピックアップしました。また型紙の中には、特別な意味を表す記号や線がいくつかあるので、ここでご紹介。どれも作品作りに欠かせない大切なポイントなので、しっかり覚えてください。

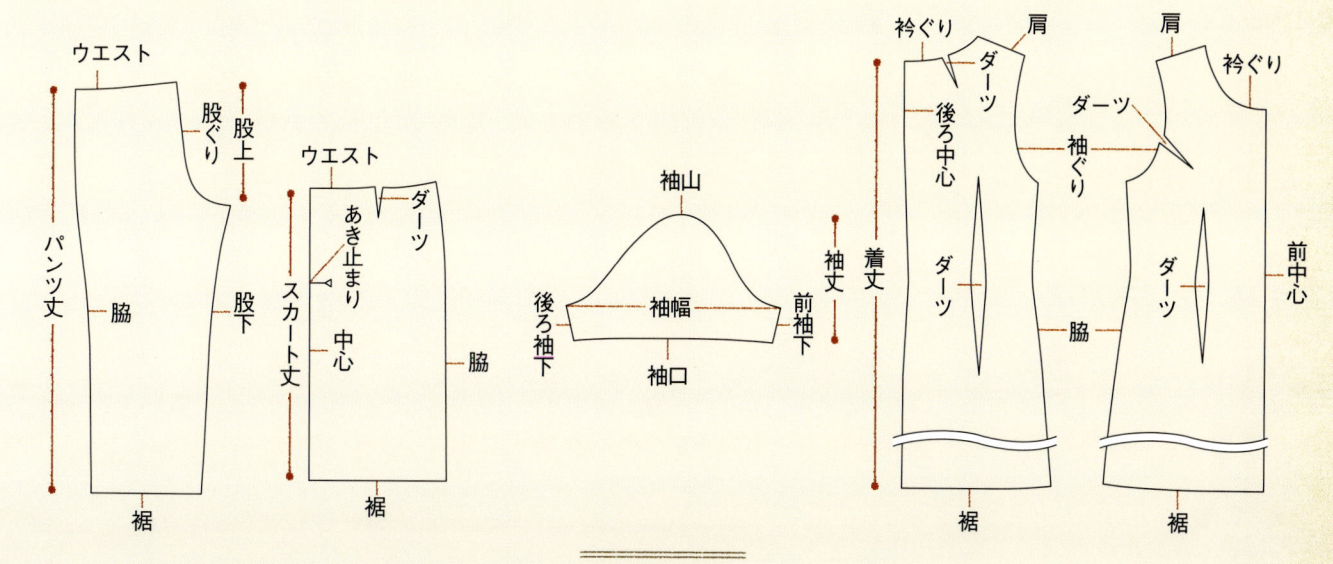

パンツ: ウエスト、股ぐり、股上、股下、パンツ丈、脇、裾

スカート: ウエスト、ダーツ、あき止まり、中心、スカート丈、脇、裾

袖: 袖山、袖幅、後ろ袖下、前袖下、袖口

身頃(後ろ): 衿ぐり、肩、ダーツ、後ろ中心、袖ぐり、着丈、ダーツ、脇、裾

身頃(前): 肩、衿ぐり、ダーツ、袖ぐり、ダーツ、前中心、脇、裾

記号の意味

名称	記号	説明
でき上がり線	――――――	作品の最終的な仕上がり線。
わ	― ― ― ―	型紙の中心線を重ねて、左右対称に裁つために生地をたたむ、その折り山のこと。
折り線	‐‐‐‐‐‐‐‐	丈の長い作品などで、型紙を折り返している線。この線を開くようにして型紙を作る。
布目線	←―――→	布のみみを左右に置いたときの、縦の方向が布目。生地の布目と、型紙の布目線をそろえる。
合い印	▼▽●○◆◇■□	布を合わせるときに、ずれないようにするためのガイドの印のこと。合い印が2組以上ある場合はマークの形が違うので、マークの形も忠実に写すこと。
タック		布を折りたたんで作るひだのこと。斜線の〝上から下〟に向かってたたむ決まりがある。
ギャザー	∧∧∧∧∧∧	この記号の入った範囲に、ぐし縫いまたは粗ミシンなどでギャザーを寄せる。
突き合わせ		丈の長い型紙が上下で2つに分かれている場合など、このマークをつなげた状態で生地を裁つ。

型紙の写し方

実物大型紙を広げて、作りたい作品の型紙を探しましょう。他の型紙と重なっているので、注意深く線をたどります。定規を使うと、きれいな線が引けます。※ここでは、1面のA前上身頃の9号サイズを写します。

ここを写します

1 型紙に印をつけます
写している途中で間違えないように、色ペンなどで角や合い印に印をつけておく。

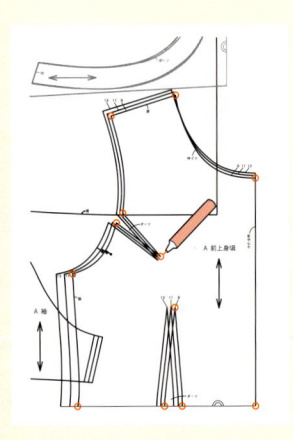

2 型紙の上に型紙用の紙をのせます
あとで縫い代をつけるので、型紙の周囲に余白があるように型紙用の紙をのせ、ウエイトを置いて固定する。ウエイトは、型紙の線の上は避けるように置く。

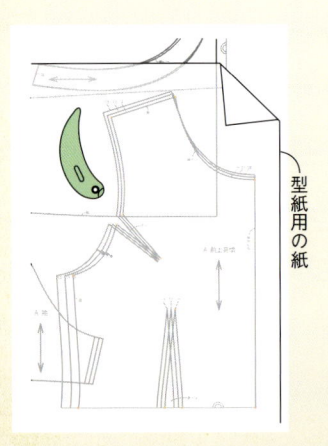

型紙用の紙

3 前中心（直線）を引きます
前中心の線に定規を合わせ、定規をしっかり押さえながら線を引く。※ここからは、わかりやすくするために型紙の前身頃の線のみで解説。

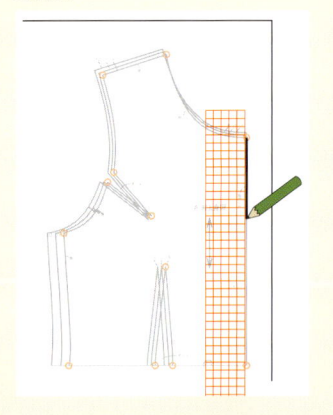

4 衿ぐり（カーブ）を引きます
出だしの線はほぼ直角なので、3に直角に定規をあてる。カーブは、鉛筆の先を紙から離さないようにして、定規をずらしながらカーブに沿わせて線を引いていく。

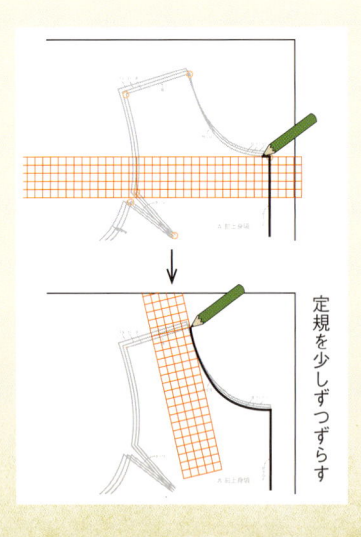

定規を少しずつずらす

5 残りを引いて仕上げます
同様に、肩、袖ぐりと線を引いていく。角の部分にすき間をつくらないよう注意。〝折り線〟のある型紙は、折り上げた部分を別の紙に写しとり、裏返して突き合わせる。

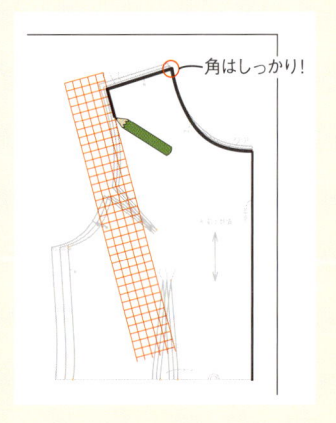

角はしっかり！

6 パーツ名や合い印などの情報を記入します
型紙に記載された情報を確実に写しとる。特に布目線は、長めに引いておくと、生地に重ねたときに布目をそろえやすい。

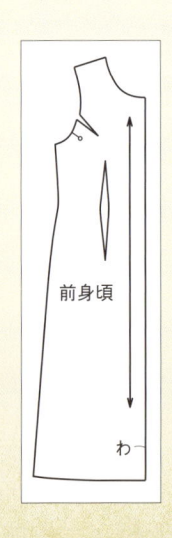

前身頃

わ

縫い代のつけ方

次は型紙に縫い代をつけていきます。縫い代の寸法は作品の裁ち合わせ図にあります。この作業をすると、生地にでき上がり線を引く必要がなく、布端をそろえて、ミシンのガイドに合わせて縫えばいいだけなので簡単です。袖口など筒状になる部分は、縫い代が足りなくなるので、少し広げてとります。

1 直線部分は方眼定規を使って

袖下は直線なので、定規の方眼を使ってまっすぐに線を引く。始めと終わりは少し長めに引いておく。

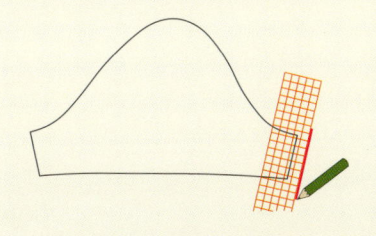

2 カーブ部分は印を細かくつけます

型紙のでき上がり線と平行に、まずは縫い代幅に印を細かくつけていく。

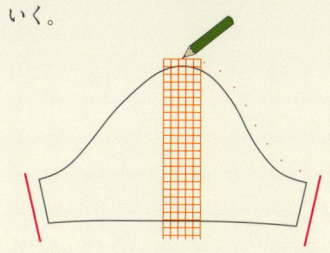

3 印をつないでいきます

定規をずらしながら、なだらかなカーブになるように印をつないでいく。

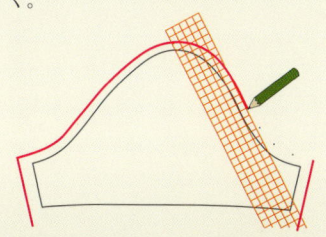

4 袖口の縫い代を引きます

袖口の縫い代を長めに引いておく。

5 縫い代を広げる部分はハサミを使って

型紙の周囲を粗裁ちしたら、袖口のでき上がり線で型紙を折り、袖下の縫い代と一緒に縫い代線で切る。

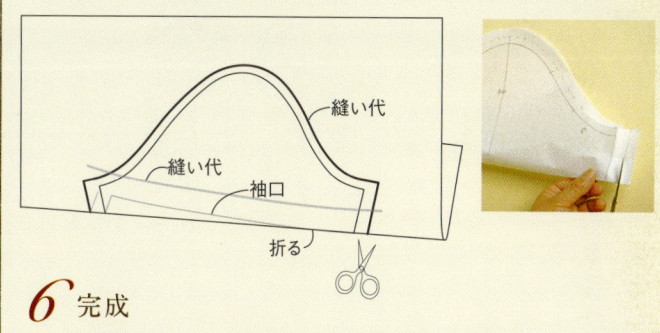

6 完成

袖下も同様に折り、袖山の縫い代と一緒に縫い代線で切る。型紙を開くと、袖山と袖下の交わった部分と、袖口の左右の縫い代が広がっているのがわかる。同様に、身頃の肩や袖下部分も、縫い代を広げておく。

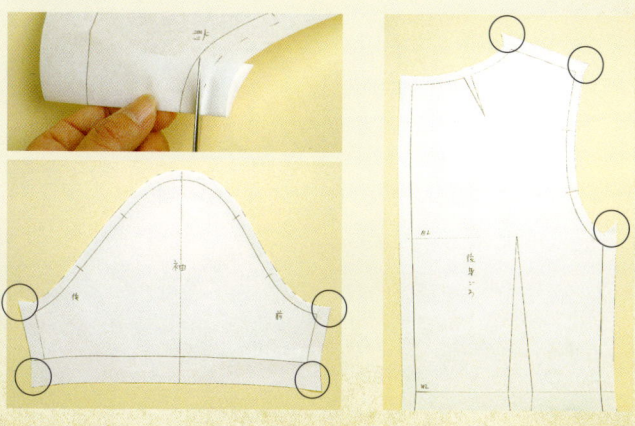

Basic Lesson 4

裁断のコツ

Cutting

買ったばかりの布は、布目が斜めにゆがんでいることがあるので、地直しをしてから裁断します。作り方ページの「裁ち合わせ図」を参考に型紙を配置して裁断すると、作業がスムーズになります。

地直し

布目がゆがんだまま布を裁断して服を仕上げると、時間がたつにつれて服のシルエットが崩れることがあります。これを防ぐために、あらかじめ水に通して布を縮め、アイロンで布のタテ糸とヨコ糸が直角になるように整えることを地直しといいます。

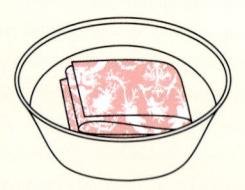

布をびょうぶだたみにし、たっぷりの水に1時間以上浸す。軽く脱水し、生乾きの状態になるまで陰干しする。

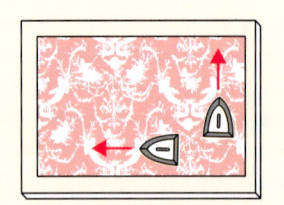

生乾きのうちに、布のタテ糸とヨコ糸が直角になるように角を手で引っぱって布目を整える。裏から縦・横方向にアイロンをかけ、乾かしながら布目を整え、落ち着かせる。

ウール地の地直し

水通しを避けたいウール地や、防縮加工が施されている綿や麻の場合は、水に浸さず、霧吹きでまんべんなく湿らせ、アイロンで布目を整えます。

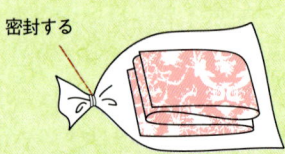

密封する

霧吹きをし、ポリ袋に入れて2～3時間放置して布に水分をなじませてから、アイロンをかける。

裁断

型紙は大きなパーツからのせ、布の縦地と型紙の布目線が平行になるように、定規を使って確認しながら配置しましょう。上下のある柄や、ウールやコーデュロイなど毛並みのある布の場合は、右図のように一方向に型紙を配置します。配置し終わったら型紙に沿って裁断し、型紙をはずす前に合い印やダーツに印をつけます（44ページ参照）。

＊この本では型紙に縫い代をつけ、ミシンの針板をガイドに縫う（46ページ参照）ので、でき上がりの線は省略します。

基本的には中表に二つ折りにして型紙を配置するが、柄を合わせたいときは外表に折って、柄を確認しながら配置する。布目に上下がなく、無地や細かい柄の布を使用するときは、型紙を逆さに配置してもOK。右図のように、型紙を反転させて配置することも可能。布を二つ折りにすると無駄が多くなる場合は、1枚ずつ裁つ。工夫次第で布の使用量を減らせる。

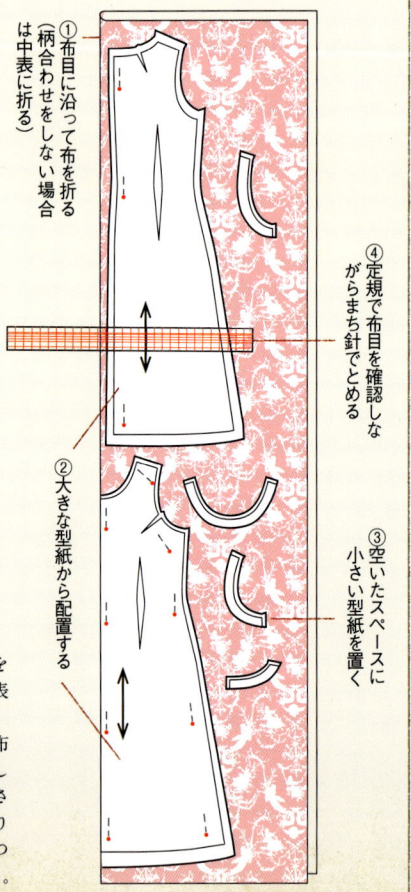

① 布目に沿って布を折る（柄合わせをしない場合は中表に折る）
② 大きな型紙から配置する
③ 空いたスペースに小さい型紙を置く
④ 定規で布目を確認しながらまち針でとめる

接着芯の貼り方

接着芯の表裏に注意しながら、裁断したパーツに接着芯を重ね、当て布をして中温のスチームアイロンをかけます。当て布は、型紙用のハトロン紙や余り布、いらなくなったハンカチで充分です。

ずらしながらすき間なくアイロンをかける

アイロンはすべらさず、1カ所に数秒間しっかり押しあて、中央から外側に向かって少しずつずらしながらかける。アイロンをかけ終わったら、熱が冷めるまで、そのまま置いておく。熱が冷めないうちに動かすと、布にくせがついたり、均等に接着しないことがあるので注意。

それではさっそく基本のワンピースを順を追って作っていきましょう

p6

p7

p12 ボレロ付きワンピース
（ボレロは p63）

基本のワンピース

・でき上がり寸法(9/11/13号の順)
バスト…91/95/99cm
着丈…（3サイズ共通）103cm

・実物大型紙（1面／A）
A前上身頃、A後ろ上身頃、A前下身頃、A後ろ下身頃、A袖、A前衿ぐり見返し、A後ろ衿ぐり見返し

材料

表布(麻)110cm幅×250cm、接着芯（織り地タイプ）90cm幅×65cm、56cmコンシールファスナー1本、スプリングホック1組、ミシン糸、しつけ糸。麻素材は布目の方向に強く縮むので、裁断前に必ず地直しをする。

※プロセスはわかりやすく説明するため、糸の色を変えています。実際に作るときは、布の色に合わせて選んでください。

下準備

1 縫い代付きの型紙を用意します。

39〜41ページの手順を参照して、縫い代付きの型紙を用意する。前・後ろ身頃は、ウエスト位置で分かれているので、突き合わせて1枚にする。合い印やダーツ位置も忘れずに書き入れる。

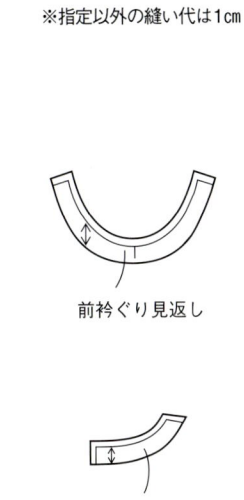

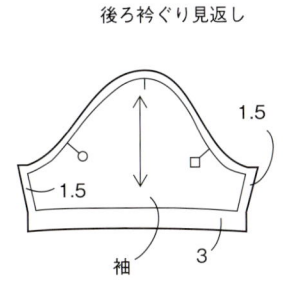

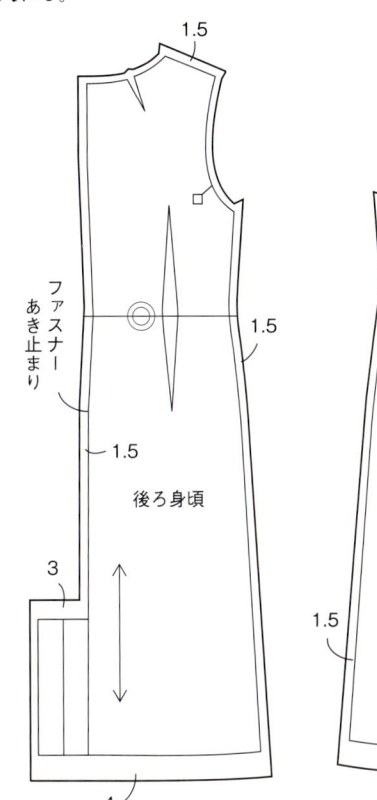

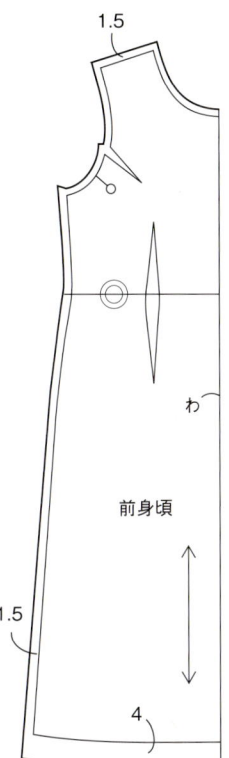

※指定以外の縫い代は1cm

前衿ぐり見返し

後ろ衿ぐり見返し

袖

後ろ身頃

前身頃

下準備

2 布を裁ちます

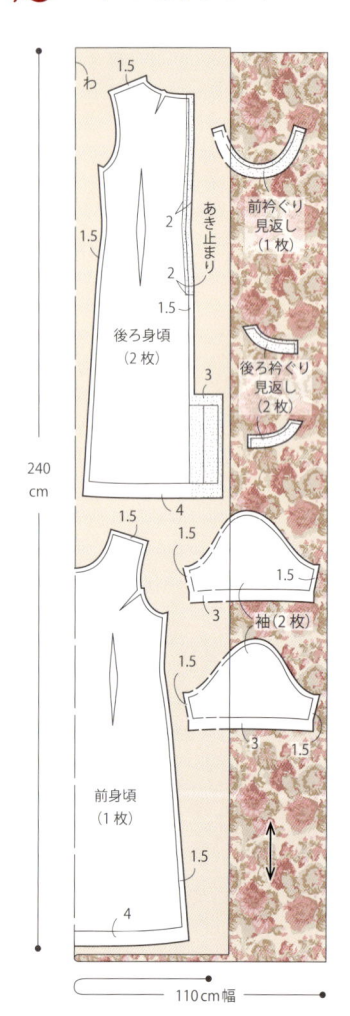

表布を図のように中表に折り、型紙を置く。効率よく裁つために、型紙を裏返して置いてもOK。ウエイトを置くかまち針でとめ、ずれないように注意しながら布を裁つ。

※ベンツを作るため、右後ろ身頃には「見返し」、左後ろ身頃には「持ち出し」をつけます（47ページのベンツの縫い方を参照）。型紙にある「右」「左」の線に従い、縫い代をつけて裁ちます。

※型紙はダーツの印つけが済んだらはずします。

＊指定以外の縫い代は1cm
＊　　　は接着芯を貼る

3 ダーツに印をつけます

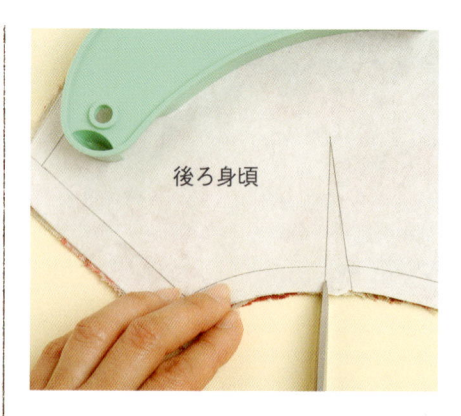

1. 型紙をつけたまま、ダーツ位置の縫い代に、目印としてノッチ（0.2～0.3cmくらいの切り込み）を入れる。

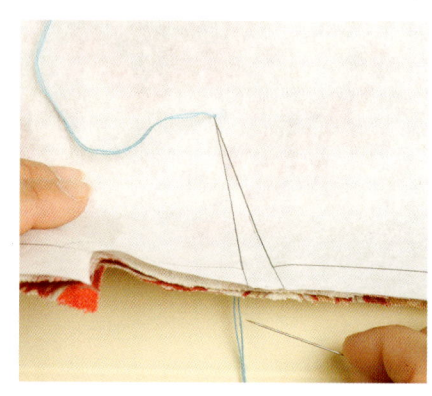

2. ダーツの頂点に、しつけ糸を通した針を型紙の上から垂直に刺す。

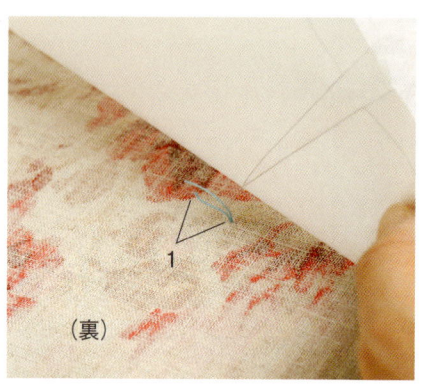

3. 裏側にそれぞれ糸を1cmほど残してカットし、型紙をそっとはずす。

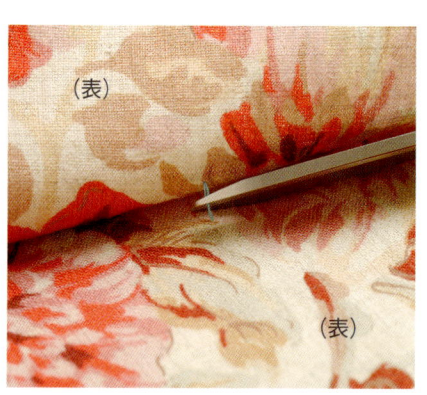

4. 糸が抜けないように注意しながら布をめくり、間の糸を切る。

4 接着芯を貼ります

5 布の裏から、4の印と1のノッチを、定規を使って鉛筆でつなぐ。

6 もう1枚も同様に印をつける。これでダーツの印つけが完了。

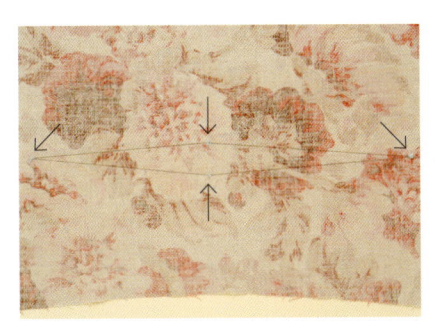

7 ウエストダーツは、4つの頂点にそれぞれしつけ糸で印をつけ、布の裏から鉛筆でつなぐ。後ろ身頃のファスナーあき止まりとベンツあき止まりの位置も、しつけ糸で印をつける。
※鉛筆の線が見えない布は、色つきのチャコペンを使うか、しつけ糸でダーツのラインを切りじつけしていく。

2で裁った見返しを接着芯に重ねてまち針でとめ、表布に沿って接着芯を裁つ。後ろ身頃のファスナーとベンツ部分に貼る接着芯は、サイズを測って裁つ。表布と接着芯の布目はそろえること。表布の裏面に、中温のアイロンで押すように貼っていく。

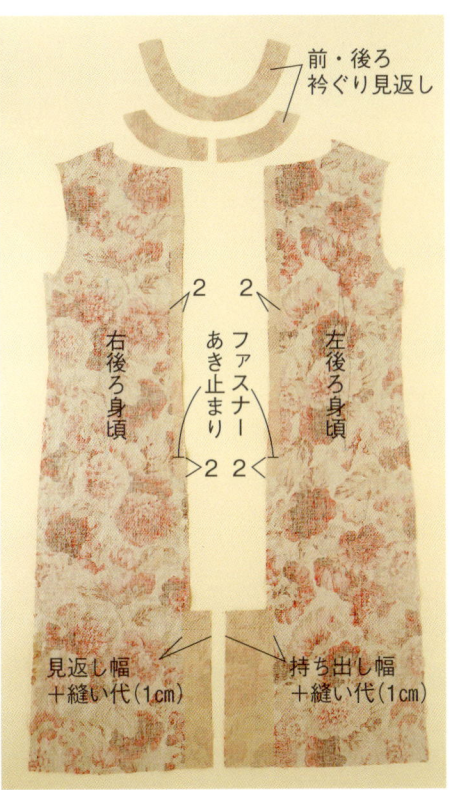

前・後ろ衿ぐり見返し
右後ろ身頃
左後ろ身頃
ファスナーあき止まり
見返し幅＋縫い代(1cm)
持ち出し幅＋縫い代(1cm)

縫い方順序

Back Style

1 縫い代に縁かがりミシンをかけ、ダーツを縫う。
2 後ろ裾のベンツを縫う。
3 後ろ中心を縫い合わせ、コンシールファスナーをつける。
4 肩、脇を縫って、見返しをつける。
5 袖を作り、つける。
6 仕上げる。

縫い方

1 縫い代に縁かがりミシンをかけ、ダーツを縫います

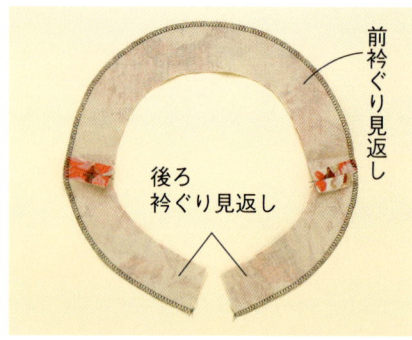

1 前・後ろ衿ぐり見返しを中表に合わせて肩の部分を縫い、縫い代を割っておく。見返しの外まわりに縁かがりミシンをかける。

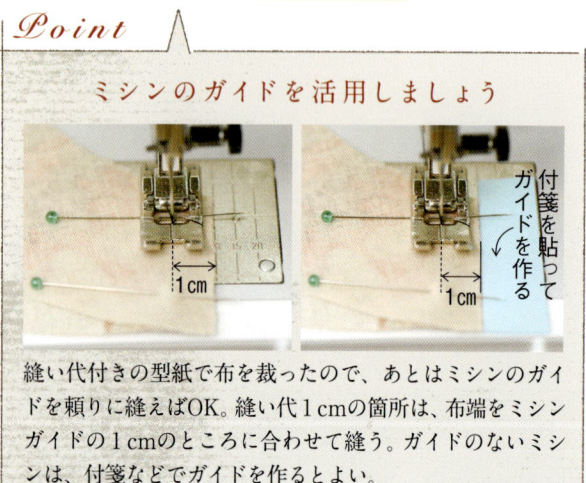

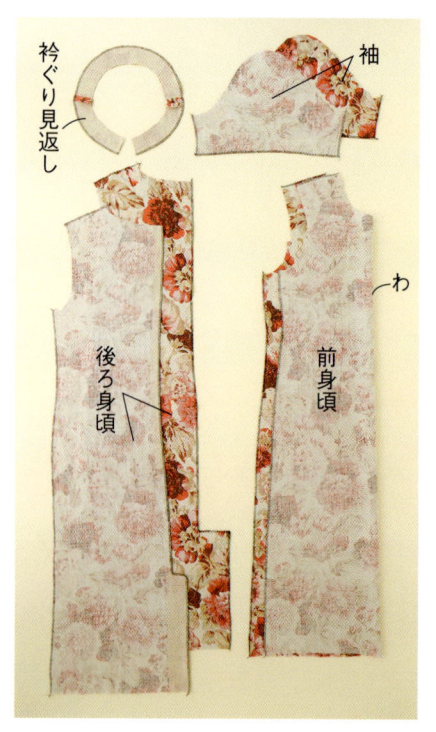

前衿ぐり見返し
後ろ衿ぐり見返し

Point ミシンのガイドを活用しましょう

付箋を貼ってガイドを作る

縫い代付きの型紙で布を裁ったので、あとはミシンのガイドを頼りに縫えばOK。縫い代1cmの箇所は、布端をミシンガイドの1cmのところに合わせて縫う。ガイドのないミシンは、付箋などでガイドを作るとよい。

2 袖下と袖口、前・後ろ身頃それぞれの肩と脇、後ろ身頃の後ろ中心の縫い代に縁かがりミシンをかけておく。

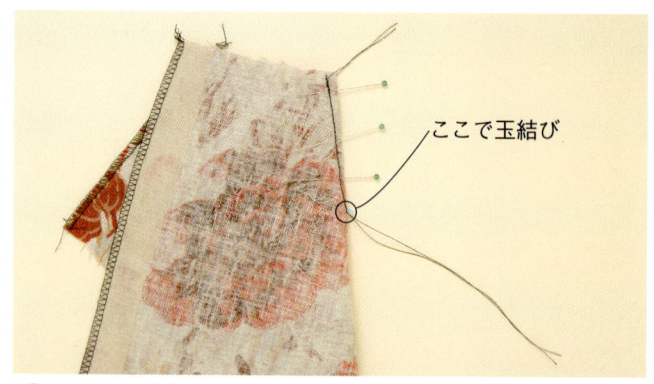

衿ぐり見返し
袖
わ
後ろ身頃
前身頃

ここで玉結び

3 ダーツ部分を中表に折ってまち針でとめ、ダーツを縫う。返し縫いで始め、最後は返し縫いはせずに糸を長めに残して切り、玉結びをする(自然なふくらみをつくるため)。ウエストのダーツは、中心から縫い始めて上下の頂点で玉結びをする。

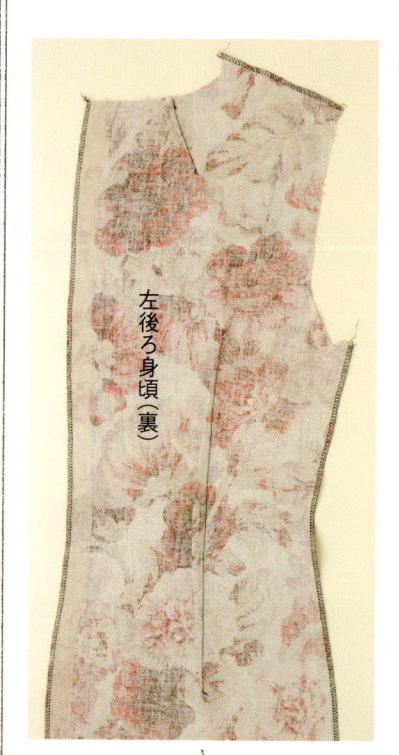

4 ダーツはアイロンで中心側に倒しておく。

左後ろ身頃(裏)

前身頃(裏)

ウエストと袖ぐりにダーツを入れることで、バスト部分に自然なふくらみができているのがわかる。

2 後ろ裾のベンツを縫います

ベンツとは…
ジャケットやスカートの後ろ裾に、動きやすくするために入れるあきのこと。"スリット"と違い、持ち出しの重なりがあるのが特徴。左身頃につく幅の広い部分を「持ち出し」、右身頃につく幅が狭い部分を「見返し」と呼ぶ。

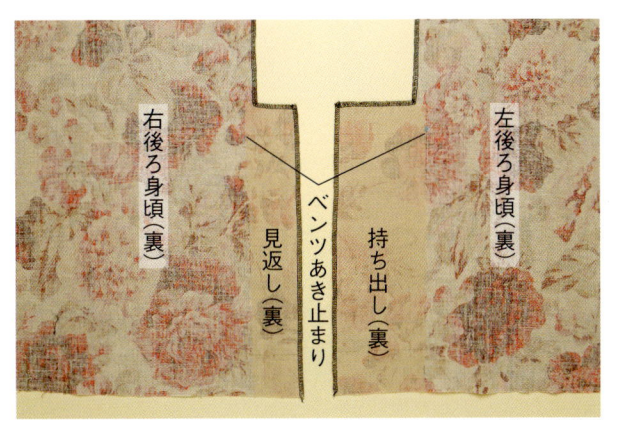

1 接着芯を貼ったベンツ部分。左右の後ろ身頃を、裏を上にして置いた状態。
（右後ろ身頃（裏）／見返し（裏）／ベンツあき止まり／持ち出し（裏）／左後ろ身頃（裏））

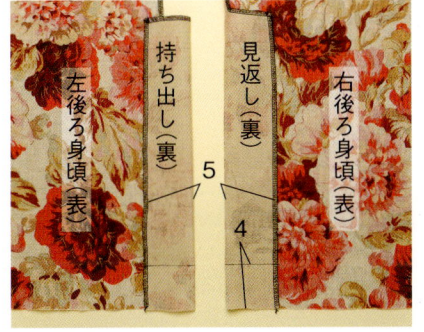

2 左後ろ身頃の「持ち出し」と、右後ろ身頃の「見返し」をそれぞれ中表に折り、裾の布端から4cmのところを縫う。

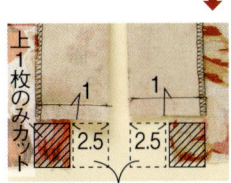

裾の縫い代を写真のようにカットして、厚みが出ないようにする。
（上1枚のみカット／1／2.5／重ねてカット）

3 表に返し、裾をでき上がり線で折ってアイロンで押さえる。

4 左右後ろ身頃を中表に重ね、ベンツの上側を開いて、後ろ中心のファスナーあき止まりからベンツあき止まりまでを縫う。始めと終わりは返し縫いをする。
（右後ろ身頃（裏）／ファスナーあき止まり／ベンツあき止まり）

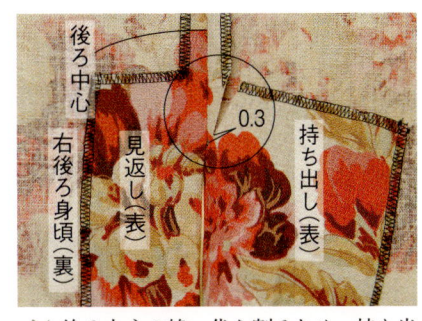

5 後ろ中心の縫い代を割るため、持ち出し上の縫い代から、ベンツあき止まりの0.3cm手前までに切り込みを入れる（写真参照）。
（後ろ中心／右後ろ身頃（裏）／見返し（表）／持ち出し（表）／0.3）

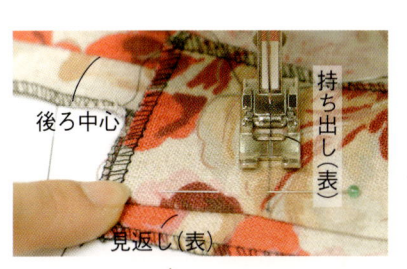

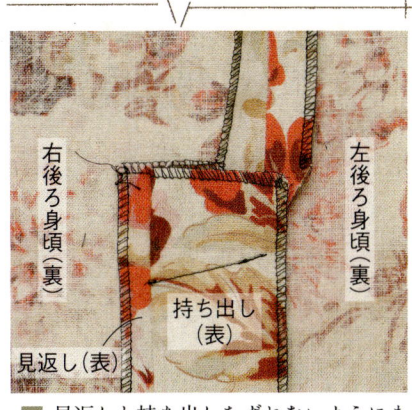

6 持ち出しを左側に倒し、ベンツあき止まり位置と、持ち出しの左端を斜め下につなぐ線を引く（写真参照）。
（右後ろ身頃（裏）／後ろ中心／左後ろ身頃（裏）／ベンツあき止まり／1）

（後ろ中心／持ち出し（表）／見返し（表））

7 見返しと持ち出しをずれないようにまち針でとめ、6の線をミシンで縫う。このとき、身頃をよけて、持ち出しと見返しのみを縫うと、表にステッチが出ない。これでベンツの完成。
（右後ろ身頃（裏）／左後ろ身頃（裏）／持ち出し（表）／見返し（表））

縫い方

3 後ろ中心を縫い合わせ、コンシールファスナーをつけます

コンシールファスナーとは…
コンシールとは"隠す"という意味で、務歯（むし）が表に出ないファスナー。閉じると縫い目のように見えるので、ファスナー開きを目立たせたくない箇所に使う。縫いつけるには専用の押さえ金（ミシンの機種によっても異なる）が必要。

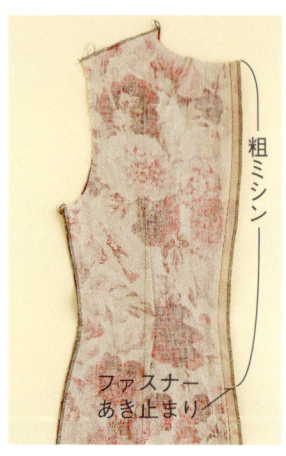

1 後ろ身頃2枚を中表に合わせて、後ろ中心をあき止まりまで縫う。あとでほどくので返し縫いはせず、ミシン目を粗くしておく。（2-4のプロセスのときに、縫ってしまってもよい）

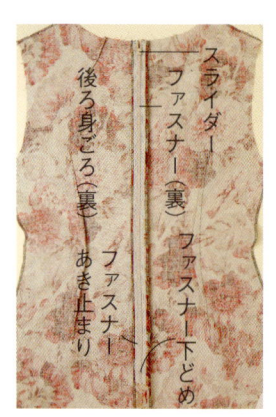

2 後ろ中心の縫い代を割り、割った縫い代にコンシールファスナーを中表に重ねる。ファスナーの上端と、後ろ身頃の上端をそろえ、縫い目とファスナーの中心を合わせ、しつけ糸で縫い代にファスナーを仮どめする。

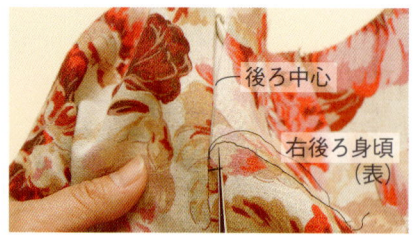

3 表側から、粗ミシンをほどく。

4 ファスナー下どめとスライダーを一番下まで下ろして、ファスナーを開く。

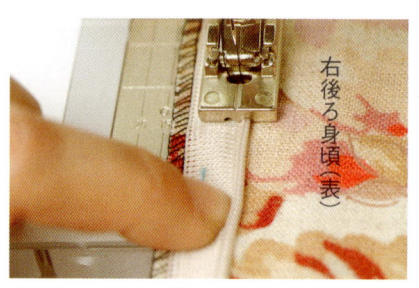

5 「コンシール押さえ」にチェンジ
ここでミシンの押さえ金をコンシールファスナー専用に替える。右後ろ身頃の縫い代を開き、ファスナーの務歯（かみ合わせの部分）を押さえ金の右溝にはめ、務歯を起こしながら、衿ぐりからファスナーあき止まりに向かって縫う。

Point　縫い代のみにしつけをかけて 
身頃を一緒に縫わないよう、縫い代を起こしてしつけをかける。

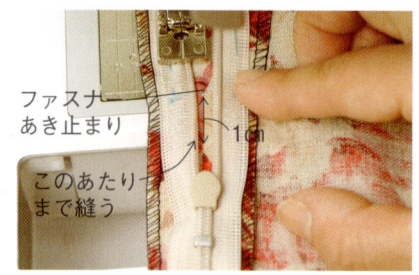

6 ファスナーあき止まり位置より1cm先まで縫う。反対の左後ろ身頃側は、押さえ金の左溝に務歯をはめ、同様に衿ぐりからあき止まりに向かって縫う。

7 ファスナーのしつけをはずす。普通の押さえ金に戻したミシンで、ファスナーテープの端を縫い代に縫いとめる。最後はあき止まりの1cm先まで縫う。

8 スライダーを上げ、ファスナー下どめをあき止まりまで移動させ、両脇をペンチで押さえて固定する。

4 肩、脇を縫って、見返しをつけます

1 前・後ろ身頃を中表に合わせ、肩と脇を縫い、縫い代をアイロンで割る。

縫い代を割る / 前身頃(裏)

2 身頃の衿ぐりに、衿ぐり見返しを中表に合わせる。身頃の肩と衿ぐり見返しの肩の線を合わせるようにしてまち針でとめ、ミシンで縫う。

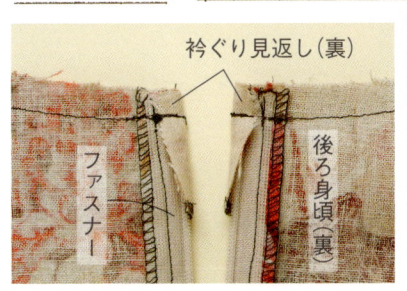

衿ぐり見返し(裏) / 前身頃(表)

衿ぐり見返しの後ろ中心は、縫い代をファスナーにくるむように折って縫う。

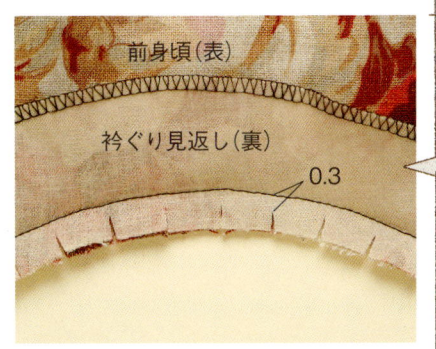

衿ぐり見返し(裏) / ファスナー / 後ろ身頃(裏)

3 2の縫い代に約1cm間隔で切り込みを入れる。

前身頃(表) / 衿ぐり見返し(裏) / 0.3

Point
仕上がりに差がつく「星どめ」

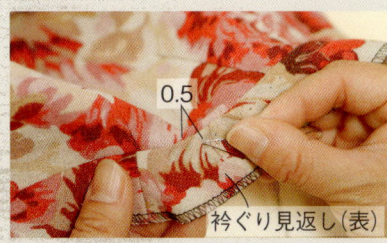

0.5 / 衿ぐり見返し(表)

衿ぐり見返しを表に返してアイロンで整え、身頃に出ないよう、縫い代だけをすくうように"星どめ"をする。
※星どめ…0.5cm先に針を出し、0.1cm戻るように糸をすくい、また0.5cm先に針を出す、ごく小さい返し縫いのこと。

5 袖を作り、つけます

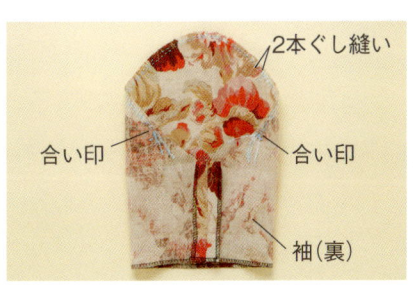

1 袖を中表に折って袖下を縫い、アイロンで縫い代を割る。袖山の合い印の間の縫い代に、2本のぐし縫いをする。ぐし縫いの両端は糸を長めに残す。

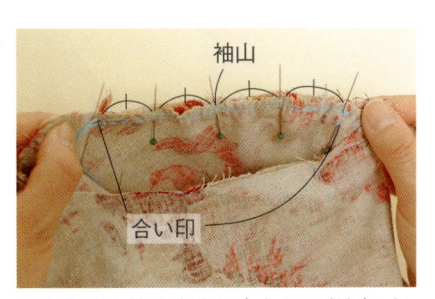

2本ぐし縫い / 合い印 / 合い印 / 袖(裏)

2 身頃と袖を中表に合わせて(前身頃と袖の前側が重なるように注意)、袖側からまち針をとめる。身頃の肩線と袖山、脇線と袖下、身頃と袖の合い印を合わせ、ぐし縫いの糸を引いてバランスよく整える(これを「いせ込み」という)。

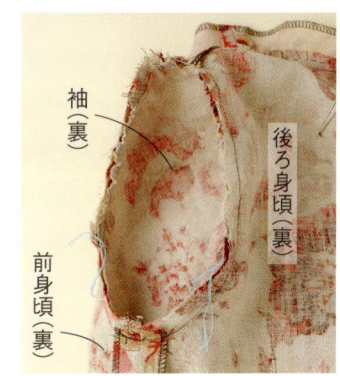

袖山 / 合い印

3 袖ぐりをミシンで縫う。

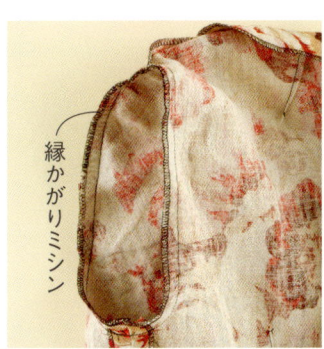

袖(裏) / 後ろ身頃(裏) / 前身頃(裏)

4 ぐし縫いをした糸をはずし、袖ぐりの縫い代端に縁かがりミシンをかける。もう片方の袖も同様に縫う。

縁かがりミシン

How to make the Onepiece of Basic style

縫い方

6 仕上げます

※わかりやすく説明するために針目を大きくしています。
実際に作るときは、目立たないようにまつってください。（まつり縫い→80ページ参照）

1 裾の縫い代端に縁かがりミシンをかけて、もう一度アイロンで折り上げ、持ち出し、ベンツの見返し、裾をまつる。

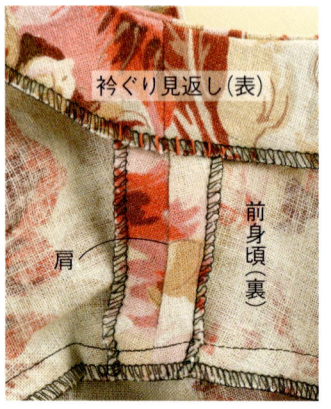

2 衿ぐり見返しの肩部分を、身頃の肩の縫い代にまつる。

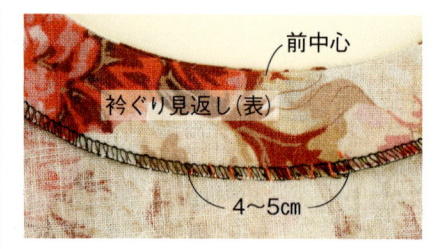

3 衿ぐり見返しの前中心あたりを、表に出ないように5cmほど前身頃にまつる。

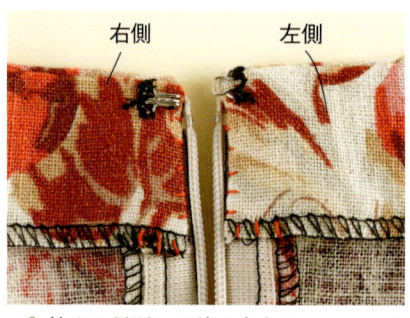

4 衿ぐり見返しの後ろ中心を、ファスナーテープにまつり、上端にスプリングホックをつける。右後ろ身頃にかぎ側を、左後ろ身頃に受け側をつける。

スプリングホックのつけ方

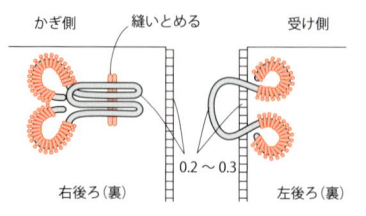

ファスナーあきの上端につけます。
ホックをとめたときに、すき間があかないように、つけ位置に注意しましょう。

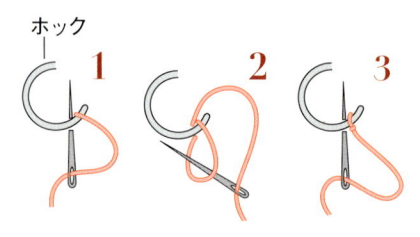

1 金具の内側から針を出し、すぐ横の布を1針すくう。
2 できた糸の輪に下から針を通す。
3 結び目が金具の外側にくるように糸を引き締める。
1～3を繰り返し、金具全体に縫いつける。

完成

前側　　後ろ側

p9　天使柄のワンピース
p10　アンティークローズ柄のワンピース 
p31　基本のワンピース（Vネックアレンジ） 

基本のワンピース arrange
（ノースリーブに／丈を短く／Vネックに）

でき上がり寸法
（9/11/13号の順）
バスト…94/98/102cm
着丈p10…100cm
着丈p9・31…103cm
※着丈は3サイズ共通

実物大型紙（1面／AまたはA'）
共通…A 前下身頃　A 後ろ下身頃
A' 前上身頃　A' 後ろ上身頃
A' 後ろ衿ぐり見返し
A' 前袖ぐり見返し
A' 後ろ袖ぐり見返し
p9・10…A' 前衿ぐり見返し
　　　　　（Uネック）
p31…A' 前衿ぐり見返し（Vネック）

材料（3サイズ共通）
表布（p9は綿、p10は綿麻混紡、p31は綿麻ナイロン混紡）
…110cm幅×240cm／137cmまたは140cm幅×230cm
接着芯…90cm幅×65cm
コンシールファスナー…56cm 1本
スプリングホック…1組

縫い方のポイント
袖ぐりの始末以外は基本のワンピースと同じです。袖ぐり見返しの肩と脇を縫ってから、身頃の袖ぐりと縫い合わせます。

裁ち合わせ図

【110cm幅の場合】
【137cm・140cm幅の場合】

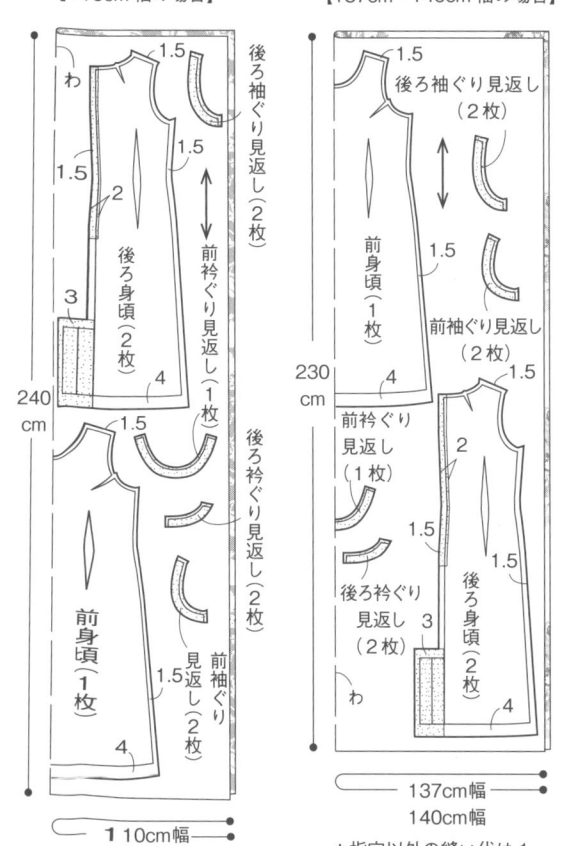

p9
p10（丈を3cmカット）
p31（Vネック）

型紙のアレンジ
3作品とも上身頃はA'の型紙を使用します。p10は下身頃の丈を3cmカットし、p31の前衿ぐりはVネックの衿ぐりラインを使用します。

【型紙をつなげる】 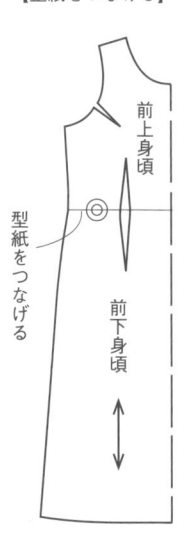
【丈を3cmカット】
【Vネックにする】

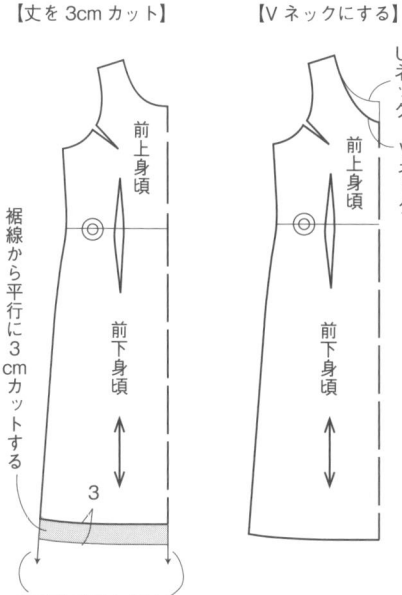

丈を伸ばすときは脇線と中心線を延長させ、平行に裾線を引く

＊指定以外の縫い代は1cm　＊▨は接着芯を貼る

基本のワンピース arrange
（裾を広げて／七分袖に）

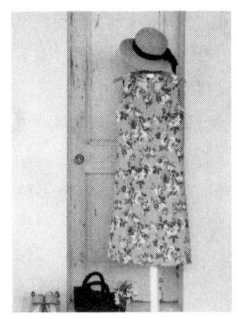

p8 サンドレス風ワンピース
p13 ギンガムチェックのワンピース

でき上がり寸法
（9/11/13号の順）
バスト…94/98/102cm(p8)
　　　91/95/99cm(p13)
着丈…103cm
（3サイズ共通）

実物大型紙(1面／AまたはA')
共通…A 前下身頃　A 後ろ下身頃
p8…A' 前上身頃　A 後ろ上身頃
　　A' 前衿ぐり見返し(Uネック)　A' 後ろ衿ぐり見返し
　　A' 前袖ぐり見返し　A' 後ろ袖ぐり見返し
p13…A 前上身頃　A 後ろ上身頃　A 袖
　　A 前衿ぐり見返し　A 後ろ衿ぐり見返し

材料（3サイズ共通）
p8の表布（麻）…110cm幅×240cm ／ 140cm幅×210cm
p13の表布（綿）…110cm幅×280cm
接着芯…90cm幅×65cm
コンシールファスナー…56cm 1本
スプリングホック…1組

縫い方のポイント
基本のワンピースと作り方はほぼ同じですが、ベンツを縫わずに仕上げます。p8は袖ぐりに見返しをつけて始末します。袖ぐりの見返しは肩と脇を縫ってから身頃の袖ぐりと縫い合わせます。

裁ち合わせ図

【p8・140cm幅の場合】
【p13の場合】

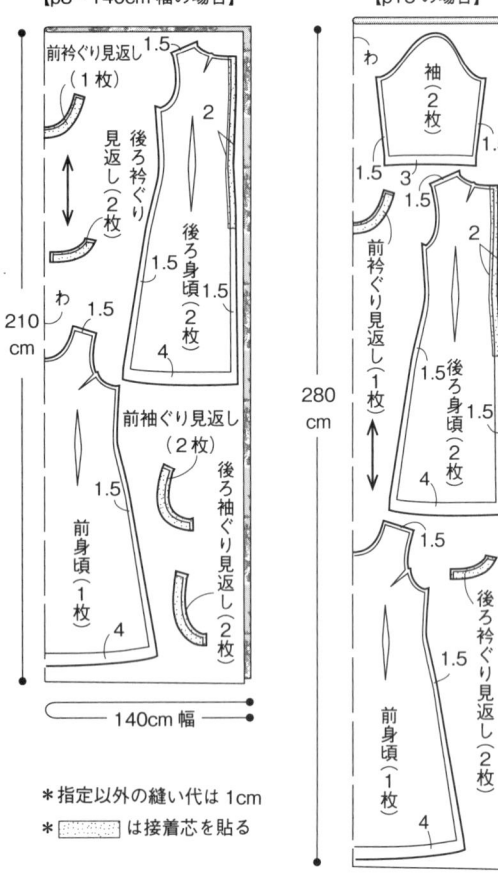

＊指定以外の縫い代は1cm
＊▨は接着芯を貼る

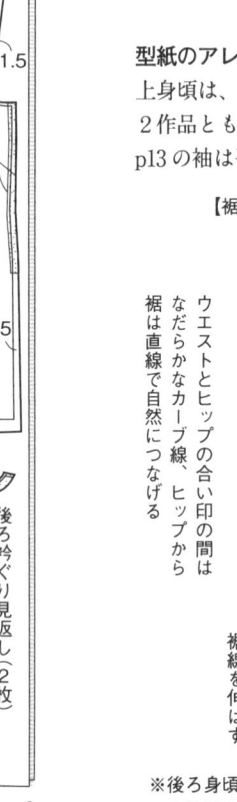

p8（ノースリーブ）
p13（七分袖）

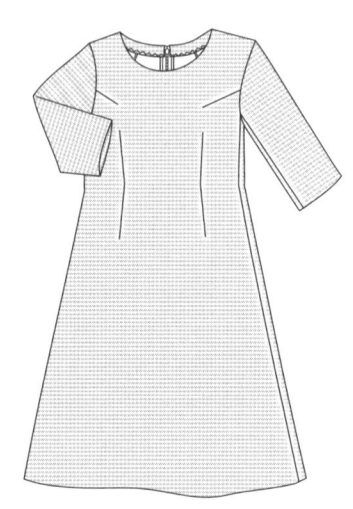

型紙のアレンジ
上身頃は、p8はA'の型紙を、p13はAの型紙を使用します。
2作品とも下身頃の裾を5cm広げて使用します。
p13の袖は平行に19cm丈を伸ばして七分袖にします。

【裾を5cm広げる】

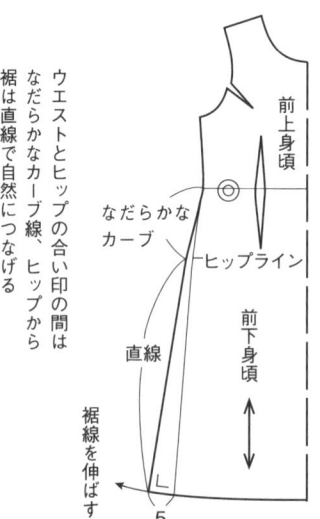

ウエストとヒップの合い印の間はなだらかなカーブ線、ヒップから裾は直線で自然につなげる

前上身頃
なだらかなカーブ
ヒップライン
前下身頃
直線
裾線を伸ばす
5

【袖を19cm伸ばす】

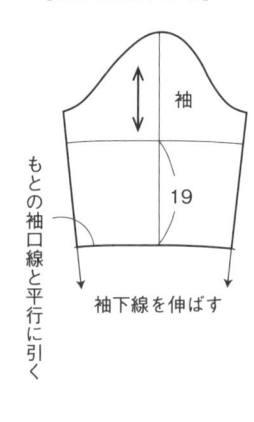

袖
19
もとの袖口線と平行に引く
袖下線を伸ばす

※後ろ身頃も同様に裾幅を広げ、前身頃の型紙の脇線の長さと同じになっているか確認する

基本のワンピース arrange
（裏地をつけて）

| p11 ピンクウールのワンピース | p28 Party Style | p29 Black Formal（ボレロは p66） |

でき上がり寸法（9/11/13号の順）
バスト…94/98/102cm
着丈 p11…100cm
着丈 p28…103cm
着丈 p29…105cm
※着丈は3サイズ共通

実物大型紙（1面／AまたはA'）
A 前下身頃　A 後ろ下身頃
A' 前上身頃　A' 後ろ上身頃
A' 前衿ぐり見返し
A' 後ろ衿ぐり見返し
A' 前袖ぐり見返し
A' 後ろ袖ぐり見返し

材料（3サイズ共通）
表布（p11とp28はウール・p29は綿）
…110cmまたは120cm幅×240cm／150cm幅×150cm
裏布…120cm幅×210cm
接着芯…90cm幅×65cm
コンシールファスナー…56cm 1本
スプリングホック…1組
ブレード…適宜（p28のみ）

型紙のアレンジ
3作品とも上身頃はA'の型紙を使用します。下身頃の丈は、p11は3cmカットし、p29は2cm長くします（p51を参照）。

裁ち合わせ図
【150cm幅の場合】
*110・120cm幅はp51を参照。

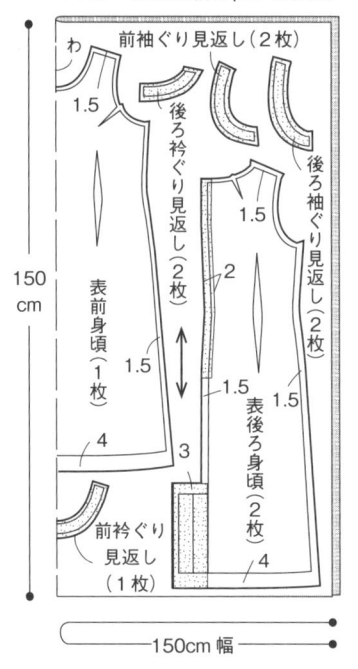

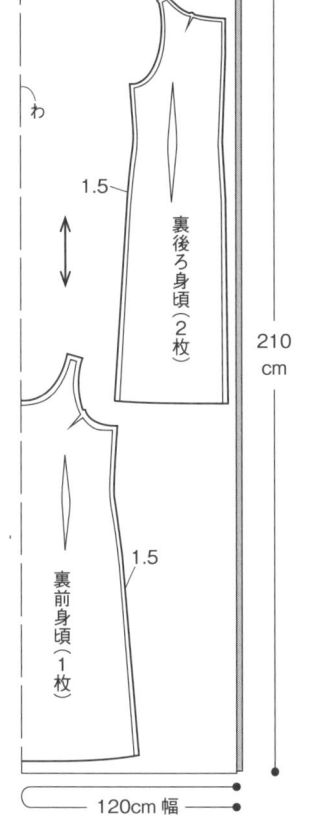

*指定以外の縫い代は1cm
* は接着芯を貼る

作り方順序
* 見返し・持ち出し・ファスナーつけ位置に接着芯を貼る
1. ダーツを縫う（→p46）
2. ベンツを縫う（→p47）
3. 後ろ中心を縫い、ファスナーをつける（→p48）
4. 脇を縫う（→p49）
5. 衿と袖の見返しに裏布をつける
6. 裾を始末する
7. 衿ぐり・袖ぐりを縫う
8. 肩を縫う
9. 裏布を始末する
10. スプリングホックをつける（→p50）
11. ブレードをつける（p28のみ）

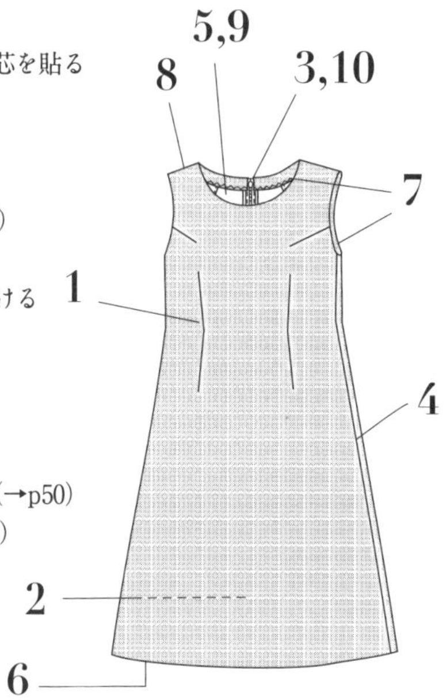

裏布の型紙の作り方
上身頃の型紙から見返しの幅分を除いた部分が裏布の型紙になります。前身頃の衿ぐりは前衿ぐり見返しの型紙をあててカットし、袖ぐりはダーツがあるので、前袖ぐり見返しの幅を平行にカットします。

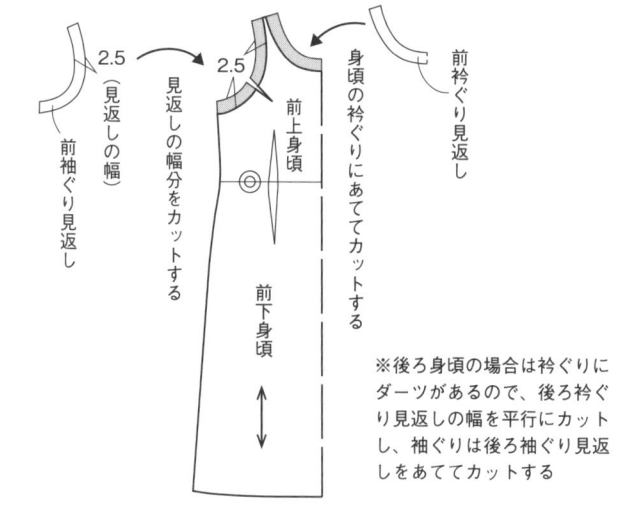

※後ろ身頃の場合は衿ぐりにダーツがあるので、後ろ衿ぐり見返しの幅を平行にカットし、袖ぐりは後ろ袖ぐり見返しをあててカットする

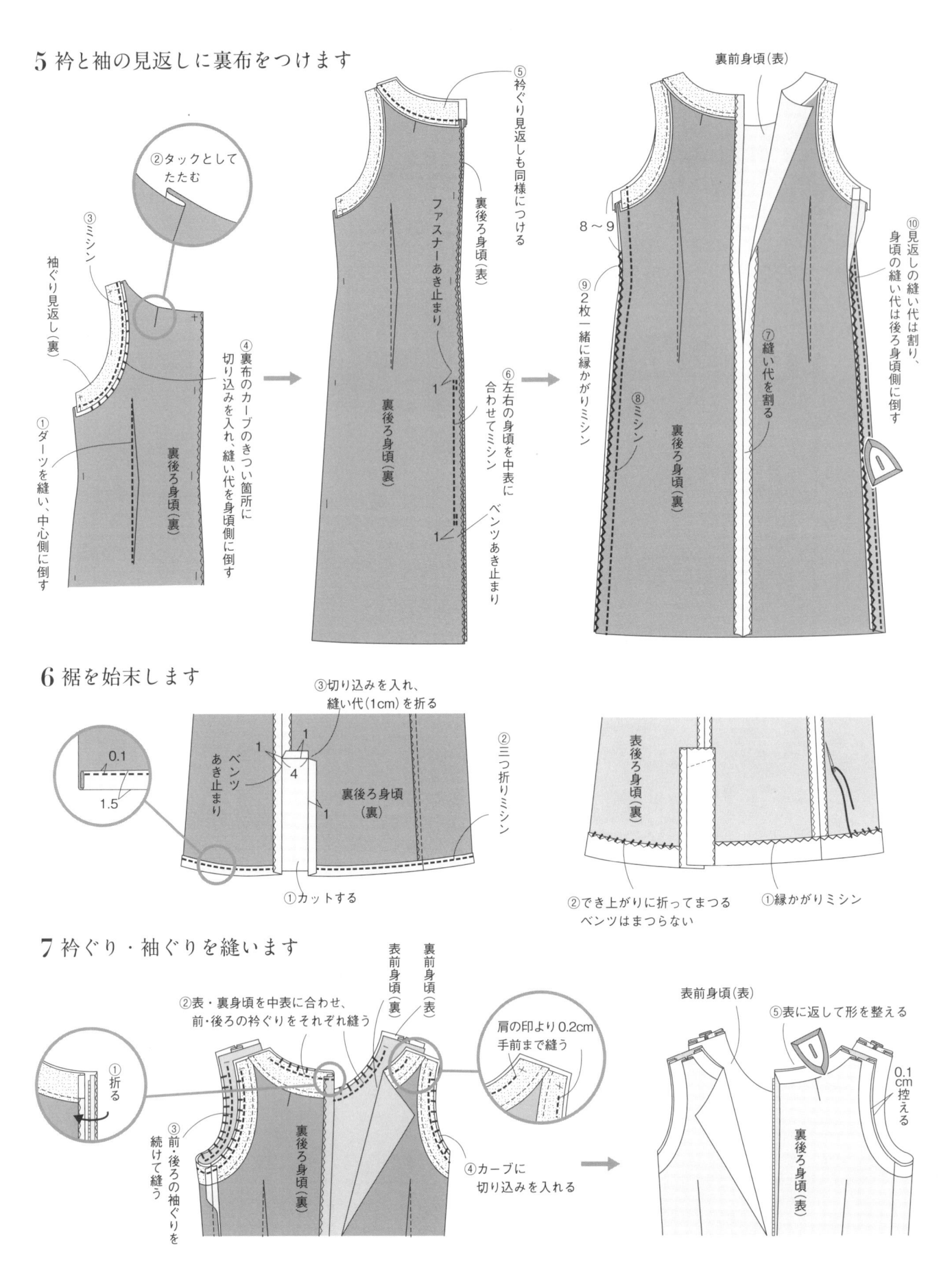

5 衿と袖の見返しに裏布をつけます

② タックとしてたたむ

③ ミシン

① ダーツを縫い、中心側に倒す

袖ぐり見返し（裏）

④ 裏布のカーブのきつい箇所に切り込みを入れ、縫い代を身頃側に倒す

⑤ 衿ぐり見返しも同様につける

ファスナーあき止まり

裏後ろ身頃（表）

裏後ろ身頃（裏）

⑥ 左右の身頃を中表に合わせてミシン

ベンツあき止まり

1

1

裏前身頃（表）

8～9

⑨ 2枚一緒に縁かがりミシン

⑧ ミシン

⑦ 縫い代を割る

裏後ろ身頃（裏）

⑩ 見返しの縫い代は割り、身頃の縫い代は後ろ身頃側に倒す

6 裾を始末します

0.1
1.5

③ 切り込みを入れ、縫い代（1cm）を折る

ベンツあき止まり

1 1
4
1

裏後ろ身頃（裏）

② 三つ折りミシン

① カットする

① 縁かがりミシン

表後ろ身頃（裏）

② でき上がりに折ってまつる
ベンツはまつらない

7 衿ぐり・袖ぐりを縫います

① 折る

② 表・裏身頃を中表に合わせ、前・後ろの衿ぐりをそれぞれ縫う

③ 前・後ろの袖ぐりを続けて縫う

表前身頃（表）
裏前身頃（裏）
裏後ろ身頃（裏）

肩の印より0.2cm手前まで縫う

④ カーブに切り込みを入れる

表前身頃（表）

⑤ 表に返して形を整える

0.1cm控える

裏後ろ身頃（表）

54

8 肩を縫います

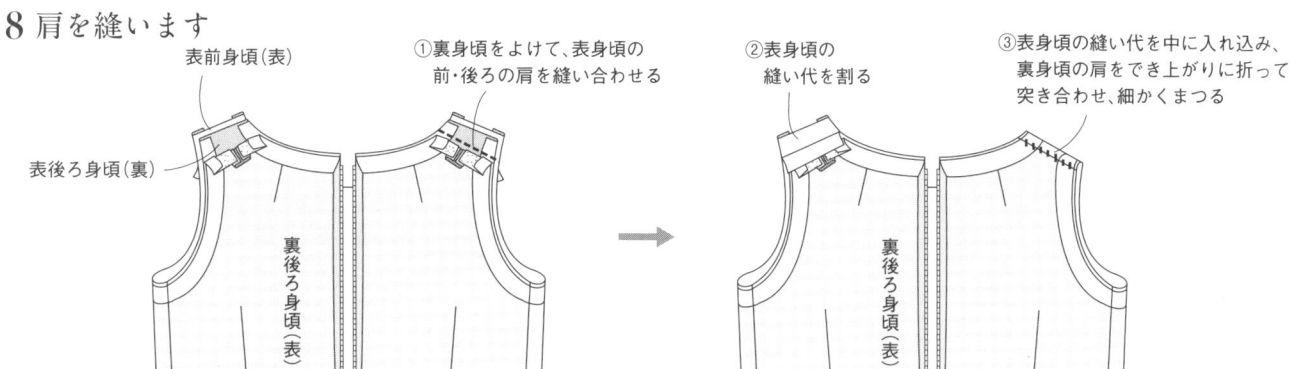

表前身頃(表)
表後ろ身頃(裏)
① 裏身頃をよけて、表身頃の前・後ろの肩を縫い合わせる
裏後ろ身頃(表)

② 表身頃の縫い代を割る
③ 表身頃の縫い代を中に入れ込み、裏身頃の肩をでき上がりに折って突き合わせ、細かくまつる

9 裏布を始末します

② まつる
① ベンツを始末する
裏後ろ身頃(表)
③ 糸ループで脇の縫い代に裏布をとめる

① 裏布の裾を上側にめくってよける
表後ろ身頃(裏)
後ろ中心
裏後ろ身頃(裏)
ウエスト
② 持ち出し・見返しに裏布を中表に重ねてミシン

④ 見返しの縫い代と裏布を縫い合わせる
裏後ろ身頃(裏)
③ 持ち出しをよける

⑥ 持ち出しの縫い代と裏布を縫い合わせる
裏後ろ身頃(裏)
⑤ 見返しをよける

裏後ろ身頃(表)
⑦ 表に返し、千鳥がけでとめる

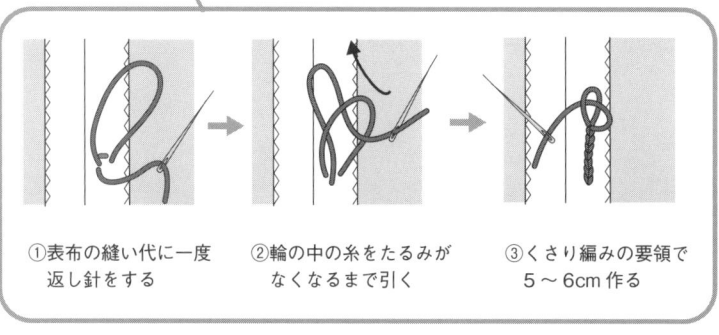

① 表布の縫い代に一度返し針をする
② 輪の中の糸がたるみがなくなるまで引く
③ くさり編みの要領で5～6cm作る

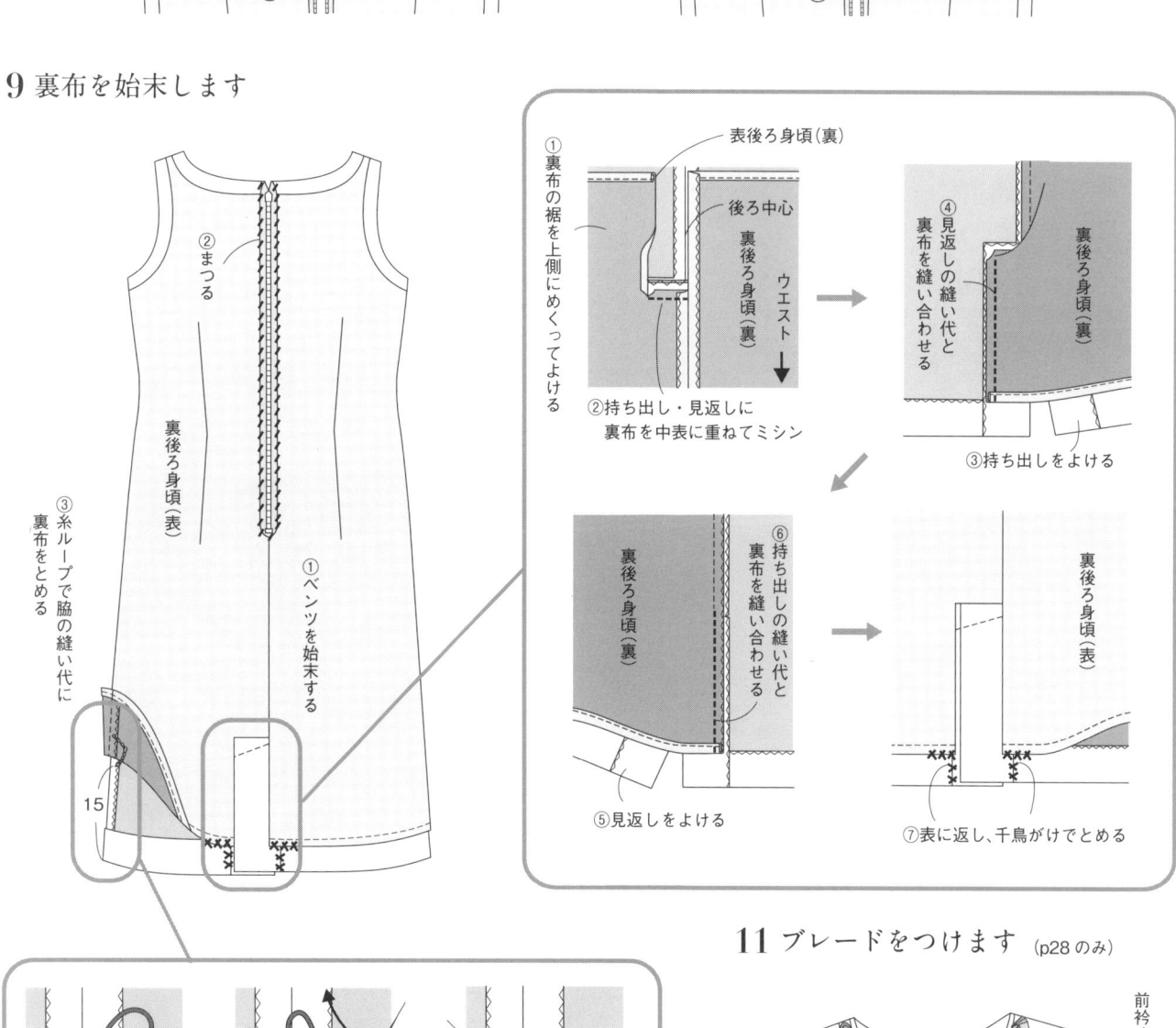

11 ブレードをつけます (p28のみ)

前衿ぐりにまつりつける

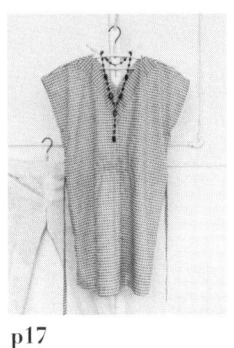

チュニック

p16　p17

でき上がり寸法（フリーサイズ）
バスト…130cm
着丈…90cm

実物大型紙(4面／B)
B 前身頃　B 後ろ身頃　B 前飾り衿
B 後ろ飾り衿　B ポケット袋布

材料（3サイズ共通）
表布（綿）…110cm幅×250cm
接着芯…90cm幅×40cm
ゴムテープ…0.8cm幅適宜

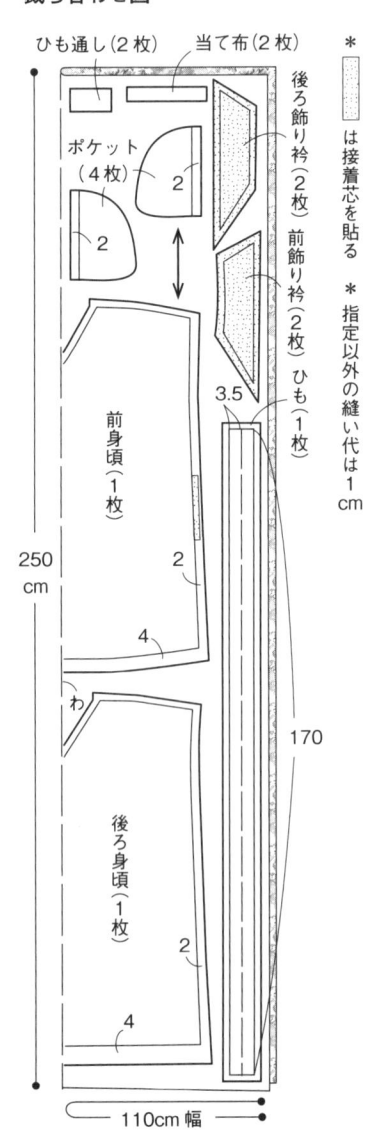

作り方順序
＊ 飾り衿とポケット口に接着芯を貼り、脇と肩の縫い代を始末する
1　ひもを作る
2　ゴムテープをつける
3　肩を縫う
4　飾り衿をつける
5　脇を縫う
6　ポケットをつける（→p68の2）
7　袖ぐり・裾・スリットを始末する
8　ひも通しを作り、つける

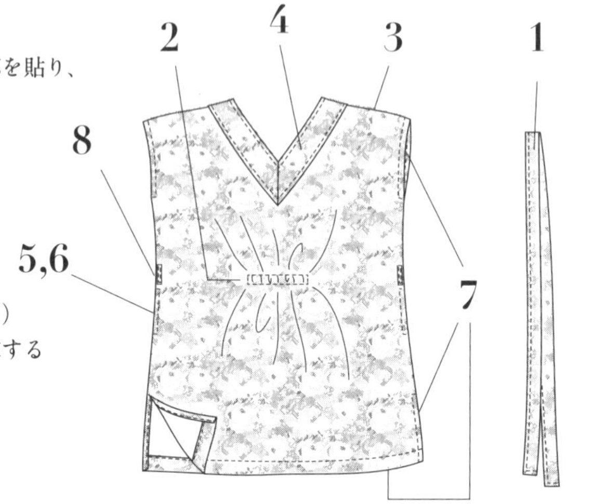

裁ち合わせ図

（網掛け）は接着芯を貼る
＊指定以外の縫い代は1cm

ひも通し(2枚)　当て布(2枚)
ポケット(4枚)　2
後ろ飾り衿(2枚)　2
前飾り衿(2枚)　3.5
ひも(1枚)
前身頃(1枚)
わ
250cm
170
後ろ身頃(1枚)
2
4
110cm幅

1 ひもを作ります

①角で重なる縫い代をカット
ひも(裏)

②abcの順にでき上がりに折る
b　a　ひも(表)　c

③先側の縫い代の中に縫い代を入れ込む
先側　ひも(表)

④ミシン　0.1
ひも(表)

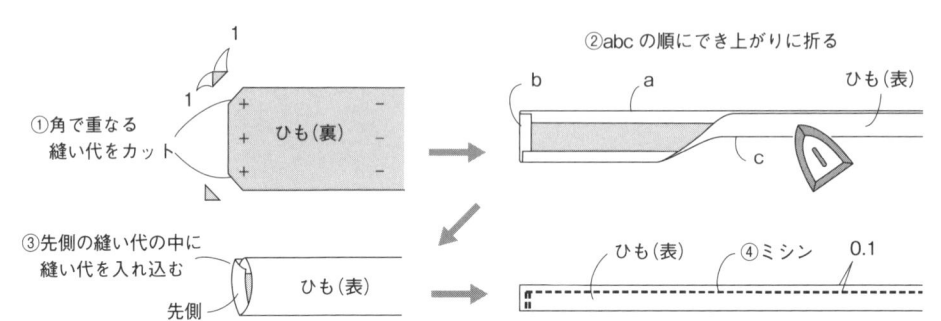

2 ゴムテープをつけます

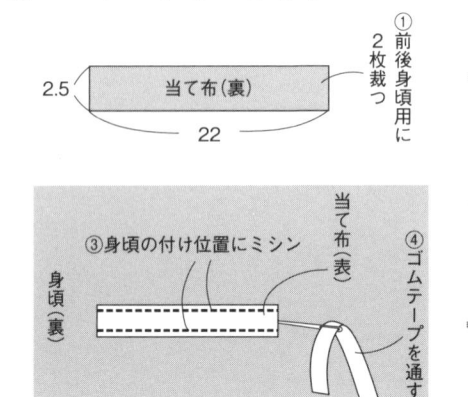

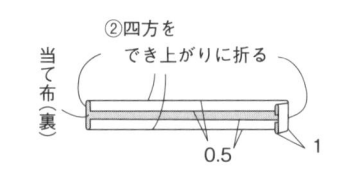

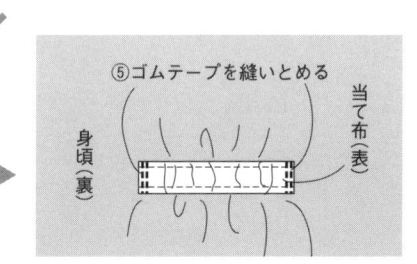

当て布(裏)
2.5
22
①前後身頃用に2枚裁つ

②四方をでき上がりに折る
当て布(裏)
0.5　1

③身頃の付け位置にミシン
身頃(裏)　当て布(表)
④ゴムテープを通す

⑤ゴムテープを縫いとめる
身頃(裏)　当て布(表)

3 肩を縫います

①ミシン（衿ぐりの縫い代は縫わない）
後ろ身頃（表）
前身頃（裏）

②縫い代を割る
後ろ身頃（裏）
前身頃（裏）

4 飾り衿をつけます

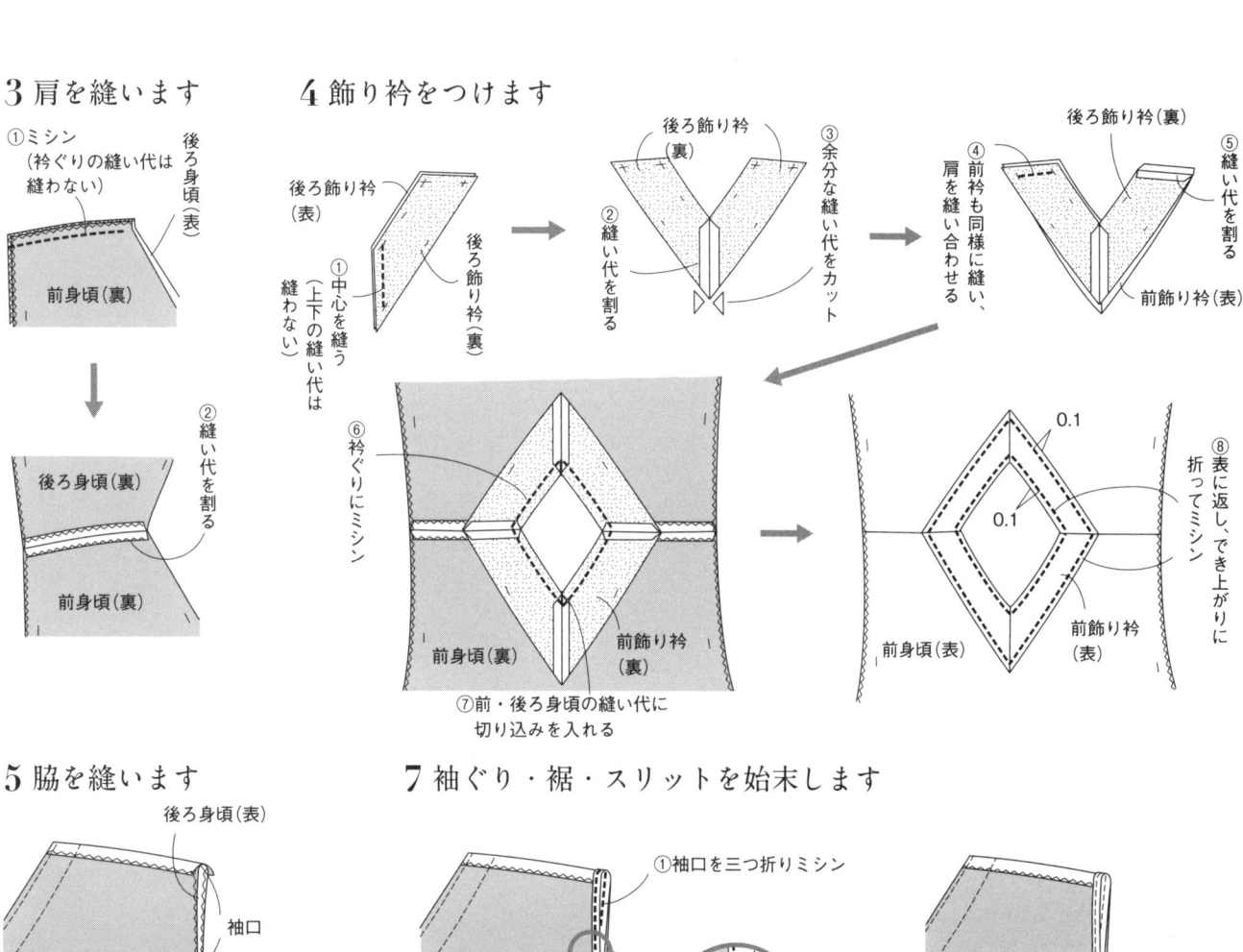

後ろ飾り衿（表）
後ろ飾り衿（裏）
①中心を縫う（上下の縫い代は縫わない）

②縫い代を割る
後ろ飾り衿（裏）

③余分な縫い代をカット

④前衿も同様に縫い、肩を縫い合わせる
後ろ飾り衿（裏）

⑤縫い代を割る
前飾り衿（表）

⑥衿ぐりにミシン
前身頃（裏）
前飾り衿（裏）
⑦前・後ろ身頃の縫い代に切り込みを入れる

0.1
0.1
⑧表に返し、でき上がりに折ってミシン
前飾り衿（表）

5 脇を縫います

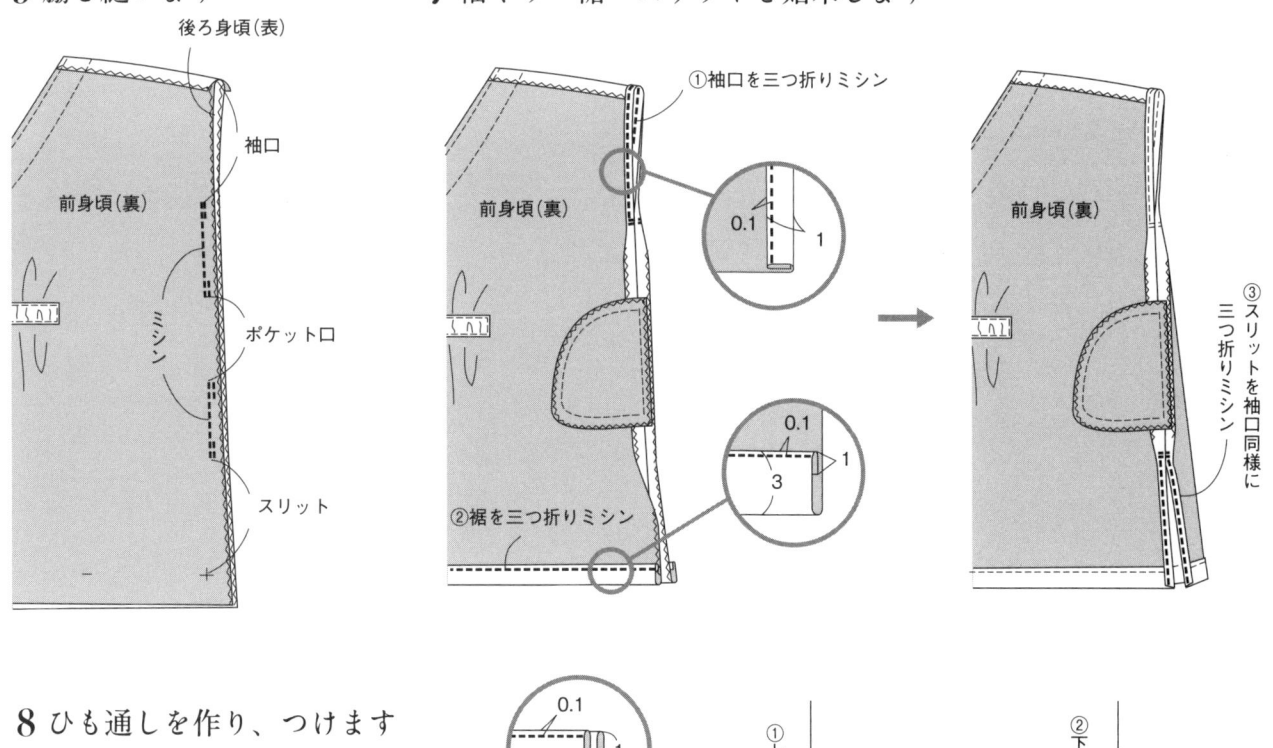

後ろ身頃（表）
前身頃（裏）
袖口
ミシン
ポケット口
スリット

7 袖ぐり・裾・スリットを始末します

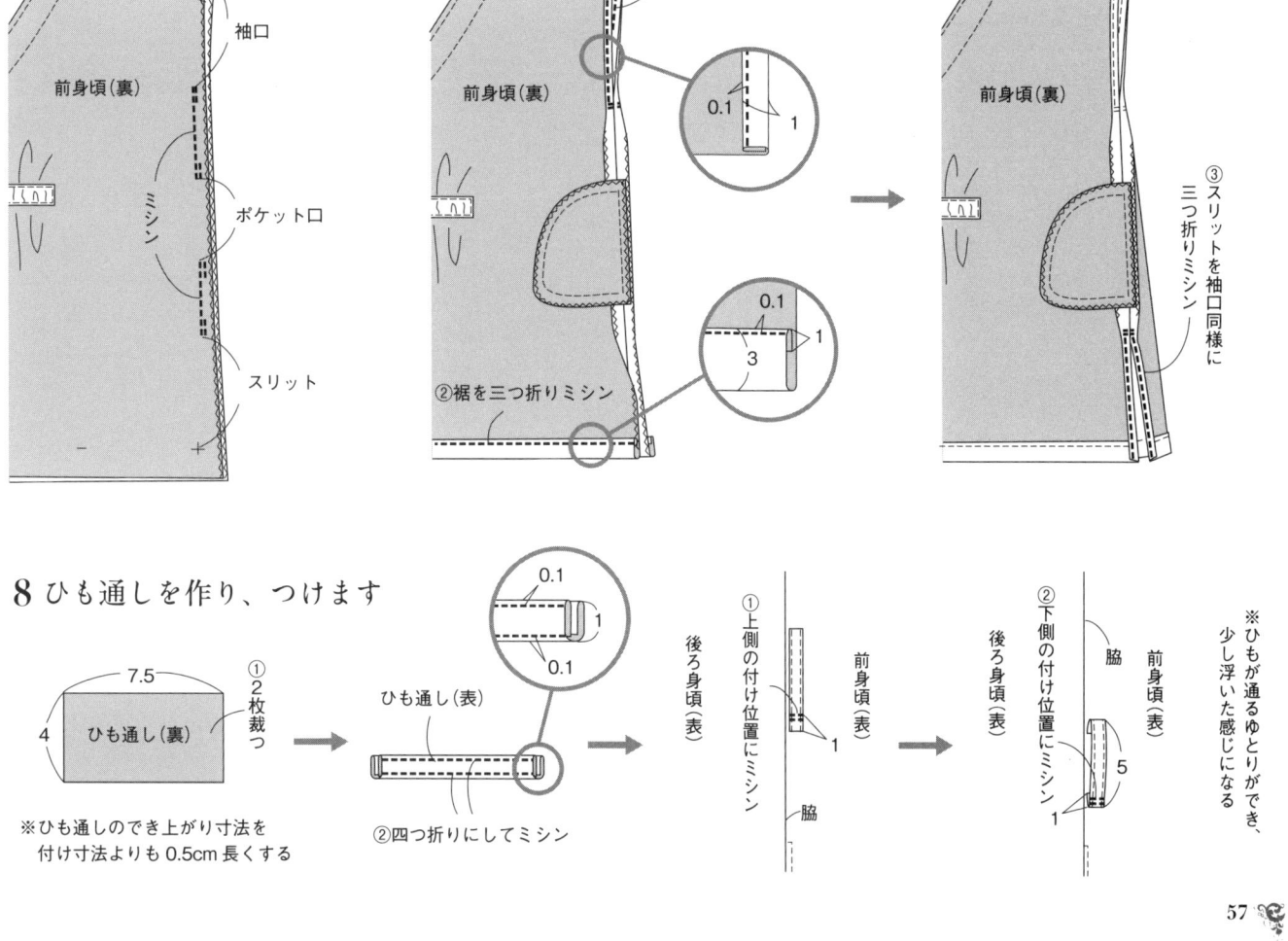

①袖口を三つ折りミシン
前身頃（裏）
0.1
1

②裾を三つ折りミシン
0.1
1
3

③スリットを袖口同様に三つ折りミシン
前身頃（裏）

8 ひも通しを作り、つけます

7.5
4
ひも通し（裏）
①2枚裁つ
※ひも通しのでき上がり寸法を付け寸法よりも0.5cm長くする

0.1
0.1
ひも通し（表）
②四つ折りにしてミシン

後ろ身頃（表）
①上側の付け位置にミシン
前身頃（表）
脇
1

後ろ身頃（表）
②下側の付け位置にミシン
前身頃（表）
脇
1
5

※ひもが通るゆとりができ、少し浮いた感じになる

Aラインスカート

p18　p19

でき上がり寸法（9/11/13号の順）
ウエスト…70/73/76cm（ローウエスト）
スカート丈 p18…78cm
スカート丈 p19…65cm
※スカート丈は3サイズ共通

実物大型紙（2面／C）
C 前スカート　C 後ろスカート
C 前ヨーク　C 前見返し
C 右後ろヨーク　C 左後ろヨーク
C 右後ろ見返し　C 左後ろ見返し
C 持ち出し　C 前あき見返し

材料（3サイズ共通）
p18 表布（麻）…110cm幅×210cm
p19 表布（麻）…110cm幅×180cm／144cm幅×160cm
接着芯…90cm幅×40cm
ボタン…15mm径 5個

裁ち合わせ図
p19の110cm幅・144cm幅も、図のように布を二つ折りせずに配置します。

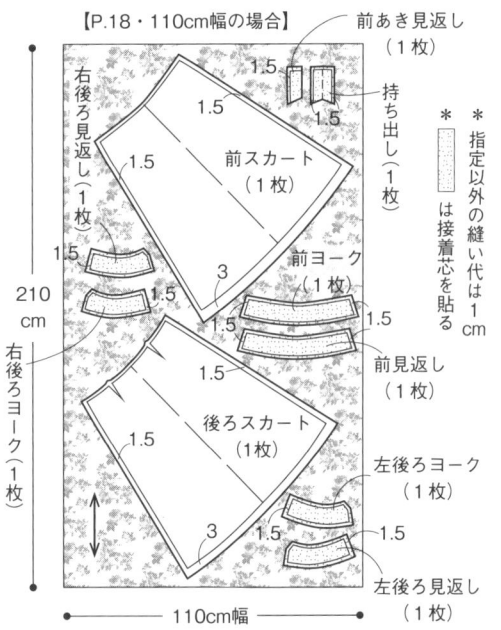

【P.18・110cm幅の場合】
前あき見返し（1枚）
持ち出し（1枚）
右後ろ見返し（1枚）
前スカート（1枚）
前ヨーク（1枚）
前見返し（1枚）
右後ろヨーク（1枚）
後ろスカート（1枚）
左後ろヨーク（1枚）
左後ろ見返し（1枚）

210cm × 110cm幅

※指定以外の縫い代は1cm
※は接着芯を貼る

型紙のアレンジ（p19の場合）
スカートの裾のでき上がり線から平行に13cmカットします。

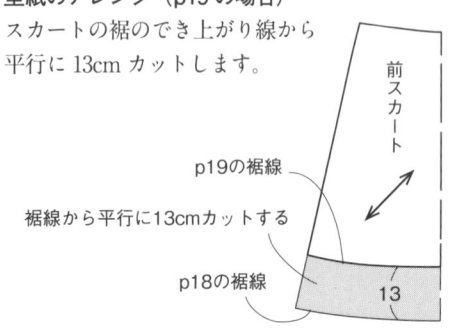

前スカート
p19の裾線
裾線から平行に13cmカットする
p18の裾線

作り方順序
* ヨーク・見返し・持ち出し・前あき見返しに接着芯を貼り、見返し・持ち出し・前あき見返し・脇の縫い代を始末する
1　ダーツを縫う（→p46）
2　持ち出しと前あき見返しをつけ、左脇を縫う
3　ヨークをつける
4　右脇を縫う
5　見返しをつける
6　裾を始末する
7　ボタンホールを作り、ボタンをつける

Back Style

2 持ち出しと前あき見返しをつけ、左脇を縫います

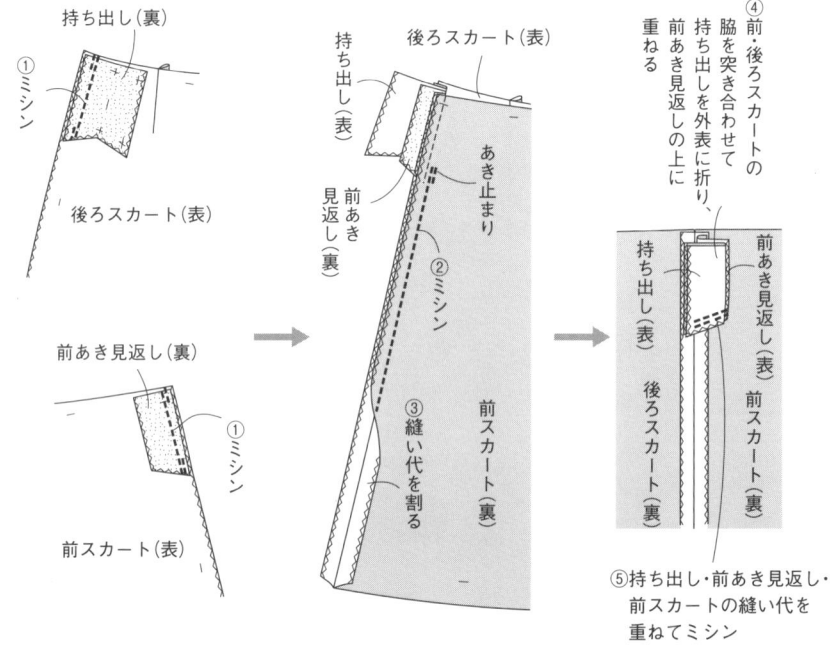

① 持ち出し（裏）／後ろスカート（表）／ミシン

前見返し（裏）／前スカート（表）／①ミシン

② ミシン／あき止まり／持ち出し（表）／後ろスカート（表）／前あき見返し（裏）／③縫い代を割る／前スカート（裏）

④ 前・後ろスカートの脇を突き合わせて持ち出しを外表に折り、前あき見返しの上に重ねる

⑤ 持ち出し・前あき見返し・前スカートの縫い代を重ねてミシン

持ち出し（表）／前あき見返し（表）／後ろスカート（裏）／前スカート（裏）

3 ヨークをつけます

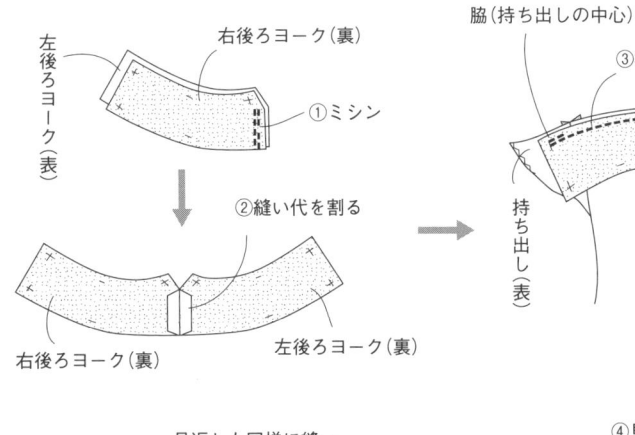

- 左後ろヨーク(表)
- 右後ろヨーク(裏)
- ①ミシン
- ②縫い代を割る
- 右後ろヨーク(裏)
- 左後ろヨーク(裏)
- 見返しも同様に縫い、右脇を縫い合わせる
- 前見返し(表)
- 後ろ見返し(裏)
- 脇(持ち出しの中心)
- ③持ち出しを広げてミシン
- 持ち出し(表)
- 後ろヨーク(裏)
- 後ろスカート(表)
- ④見返しをよけてミシン
- 脇
- 前ヨーク(裏)
- 前あき見返し(表)
- 前スカート(表)

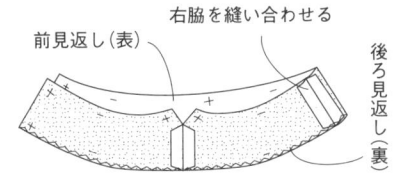

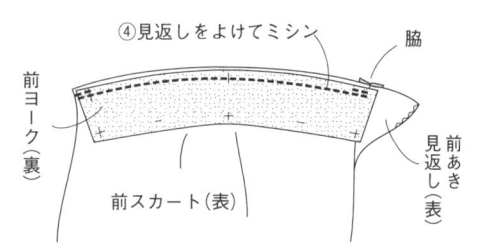

4 右脇を縫います

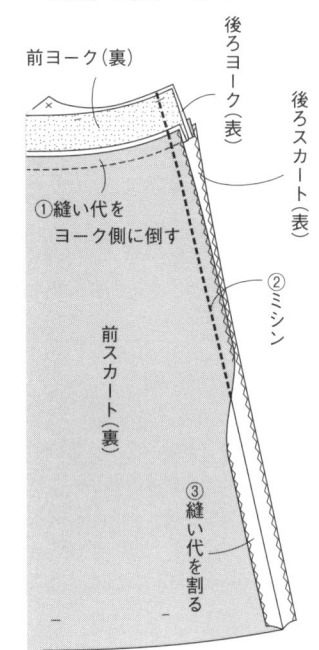

- 前ヨーク(裏)
- 後ろヨーク(裏)
- 後ろヨーク(表)
- 後ろスカート(表)
- ①縫い代をヨーク側に倒す
- ②ミシン
- 前スカート(裏)
- ③縫い代を割る

5 見返しをつけます

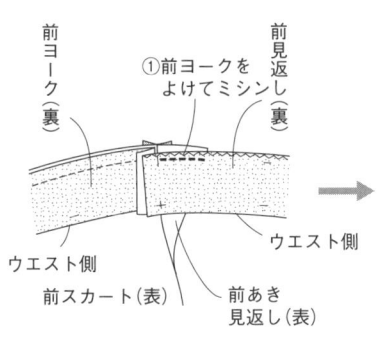

- 前ヨーク(裏)
- 前見返し(裏)
- ①前ヨークをよけてミシン
- ウエスト側
- ウエスト側
- 前スカート(表)
- 前あき見返し(表)
- ※同様に後ろ見返しも後ろヨークをよけて持ち出しに縫いつける

- ②ヨーク・見返しを上側に倒し、中表に合わせてミシン
- 前見返し(裏)
- 後ろヨーク(裏)
- ③角の縫い代をカットする
- 前あき見返し(裏)
- 前スカート(表)
- 後ろスカート(表)

- ④表に返してアイロンで形を整え、表からウエストのきわにミシン
- 前ヨーク(表)
- 後ろ見返し(表)
- 0.1
- 前スカート(表)
- 後ろスカート(表)

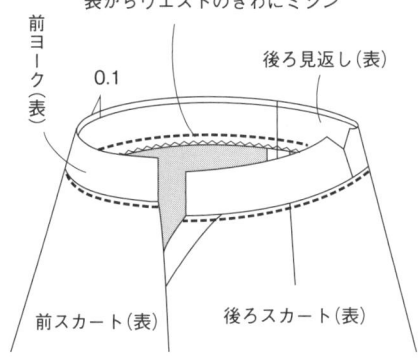

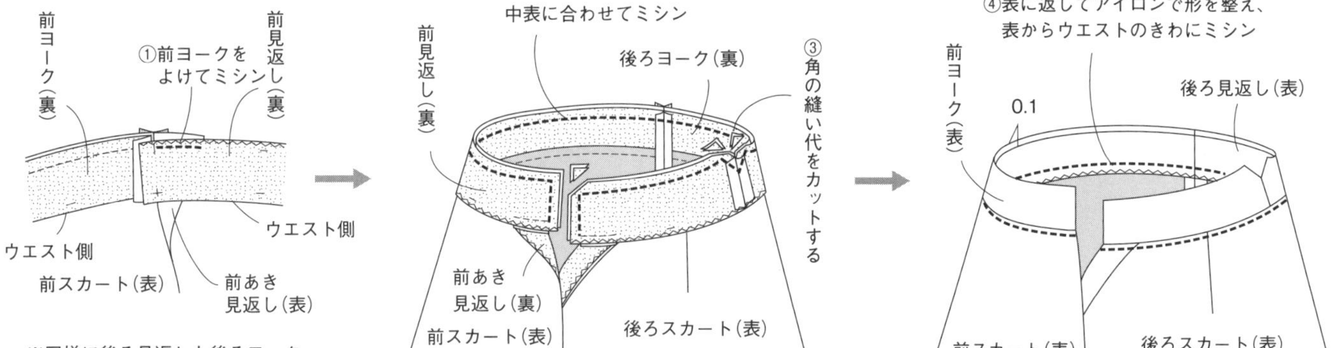

6 裾を始末します

- スカート(裏)
- ①縁かがりミシン
- スカート(裏)
- ②表にひびかないようにまつる
- 3

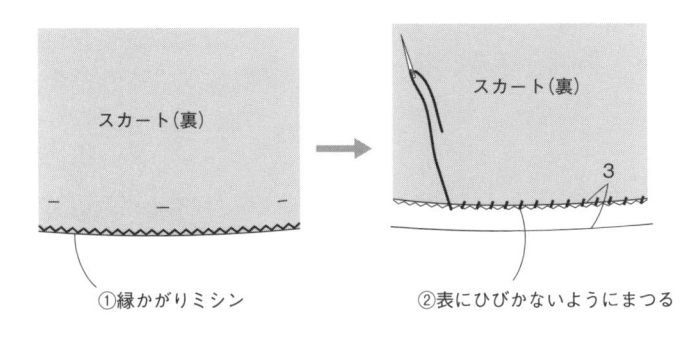

7 ボタンホールを作り、ボタンをつけます

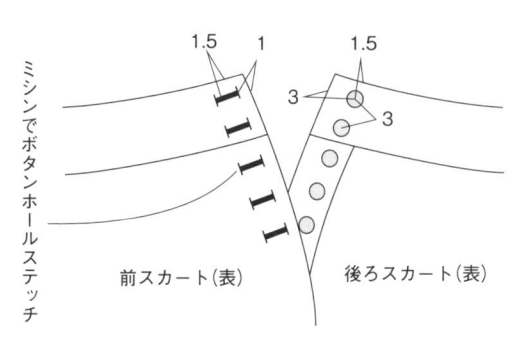

- 1.5 1 1.5
- 3
- 3
- ミシンでボタンホールステッチ
- 前スカート(表)
- 後ろスカート(表)

ボタンホールの大きさ＝ボタンの直径＋ボタンの厚み

※ボタンつけの糸は、ミシン糸が60番の場合は2本どり、30番を使用する場合は1本どりでつける

ワイドパンツ

p20 　p21

でき上がり寸法（9/11/13号の順）
ウエスト…91/95/99cm
　　　　　60/64/68cm
　　　　　（ゴムテープを入れた場合）
パンツ丈…94cm（3サイズ共通）

実物大型紙（3面／D）
D 前パンツ　D 後ろパンツ
D 前ポケット　D 後ろポケット
D 前ベルト　D 後ろベルト

材料（3サイズ共通）
表布（p20・p21とも麻）
…110cm幅×250cm ／ 138cm幅×200cm
接着芯…90cm幅×30cm
インサイドベルト…2.5cm幅×34/36/38cm
ゴムテープ…2.5cm幅×30/32/34cm
※ゴムテープの長さは好みで調節する

作り方順序
* 前ポケット見返しと後ろポケット口に接着芯を貼り、
  前ポケット見返し・脇・股下・股ぐりの縫い代の始末をする
1. 脇を縫う
2. 後ろポケットを作り、つける
3. 前ポケットを作り、つける
4. 股下を縫う
5. 裾を始末する
6. 股ぐりを縫う
7. ベルトをつける

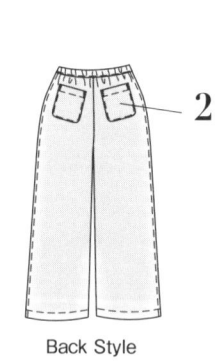

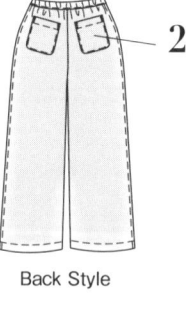

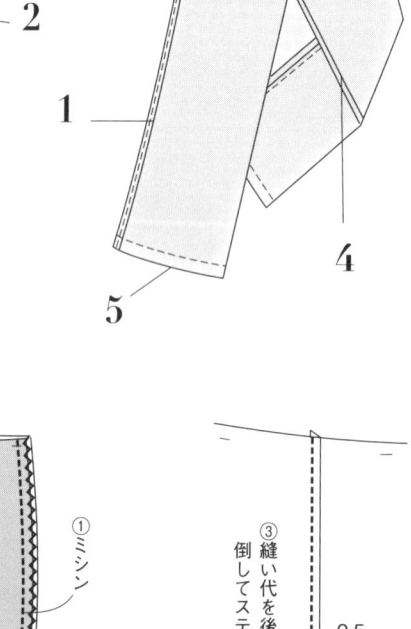

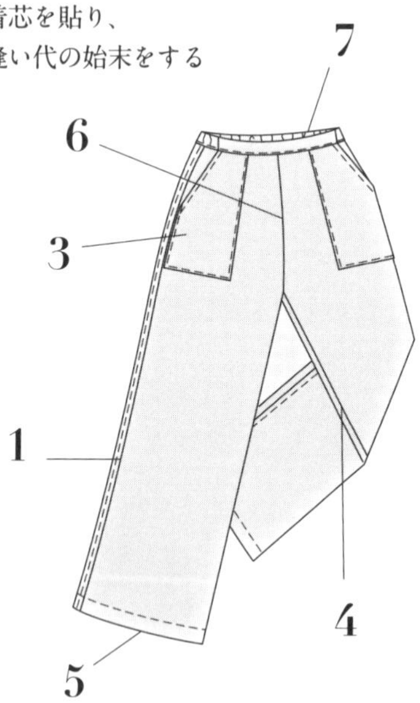

裁ち合わせ図
【110cm幅の場合】
【138cm幅の場合】

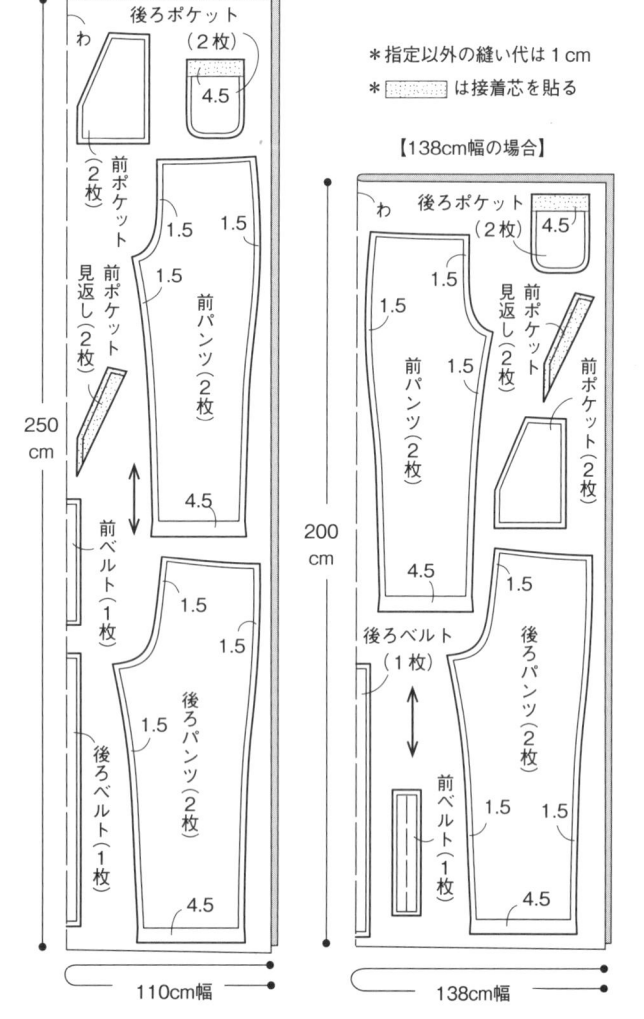

* 指定以外の縫い代は1cm
* ▨ は接着芯を貼る

Back Style

1 脇を縫います

① ミシン
② 2枚一緒に縁かがりミシン
③ 縫い代を後ろ側に倒してステッチ
0.5

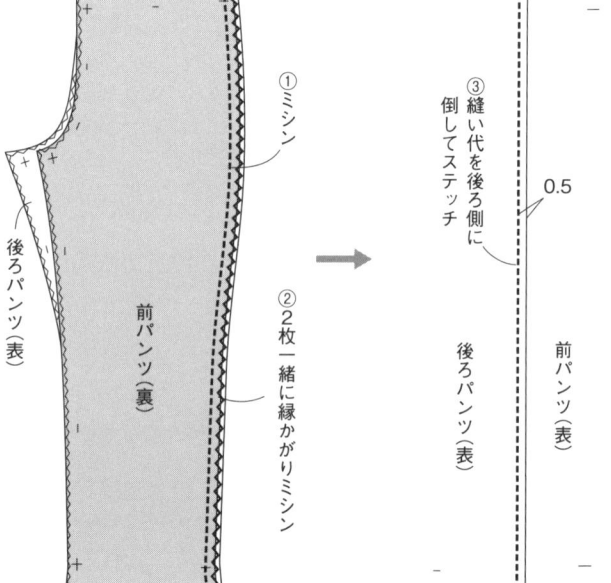

2 後ろポケットを作り、つけます

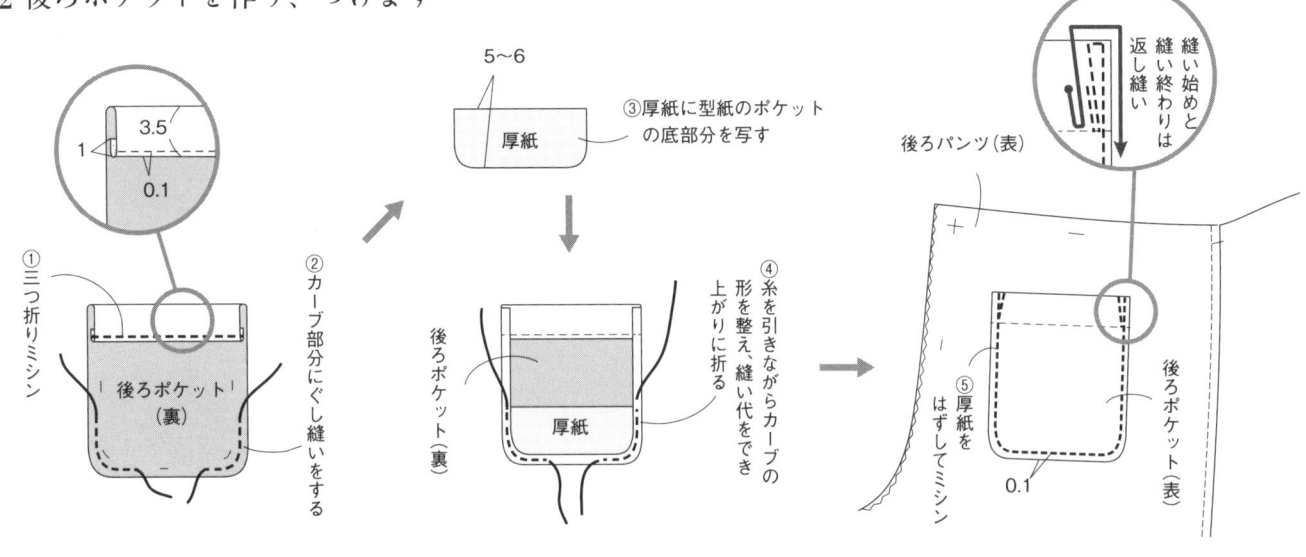

① 三つ折りミシン
後ろポケット（裏）
3.5
1
0.1
② カーブ部分にぐし縫いをする

5～6
厚紙
③ 厚紙に型紙のポケットの底部分を写す

後ろポケット（裏）
厚紙
④ 糸を引きながらカーブの形を整え、縫い代をでき上がりに折る

後ろパンツ（表）
縫い始めと縫い終わりは返し縫い
⑤ 厚紙をはずしてミシン
0.1
後ろポケット（表）

3 前ポケットを作り、つけます

① 見返しの型紙を作る
前ポケットの型紙
3

② 縫い代をつけて裁断し、接着芯を貼る
1
1
見返し（裏）

③ ミシン
見返し（裏）
前ポケット（表）

④ 表に返してポケット口にミシン
見返し（裏）
前ポケット（表）
0.5

⑤ でき上がりに折ってミシン
脇の縫い目のきわを縫う
前ポケット（表）
0.1
前パンツ（表）
後ろパンツ（表）

4 股下を縫います

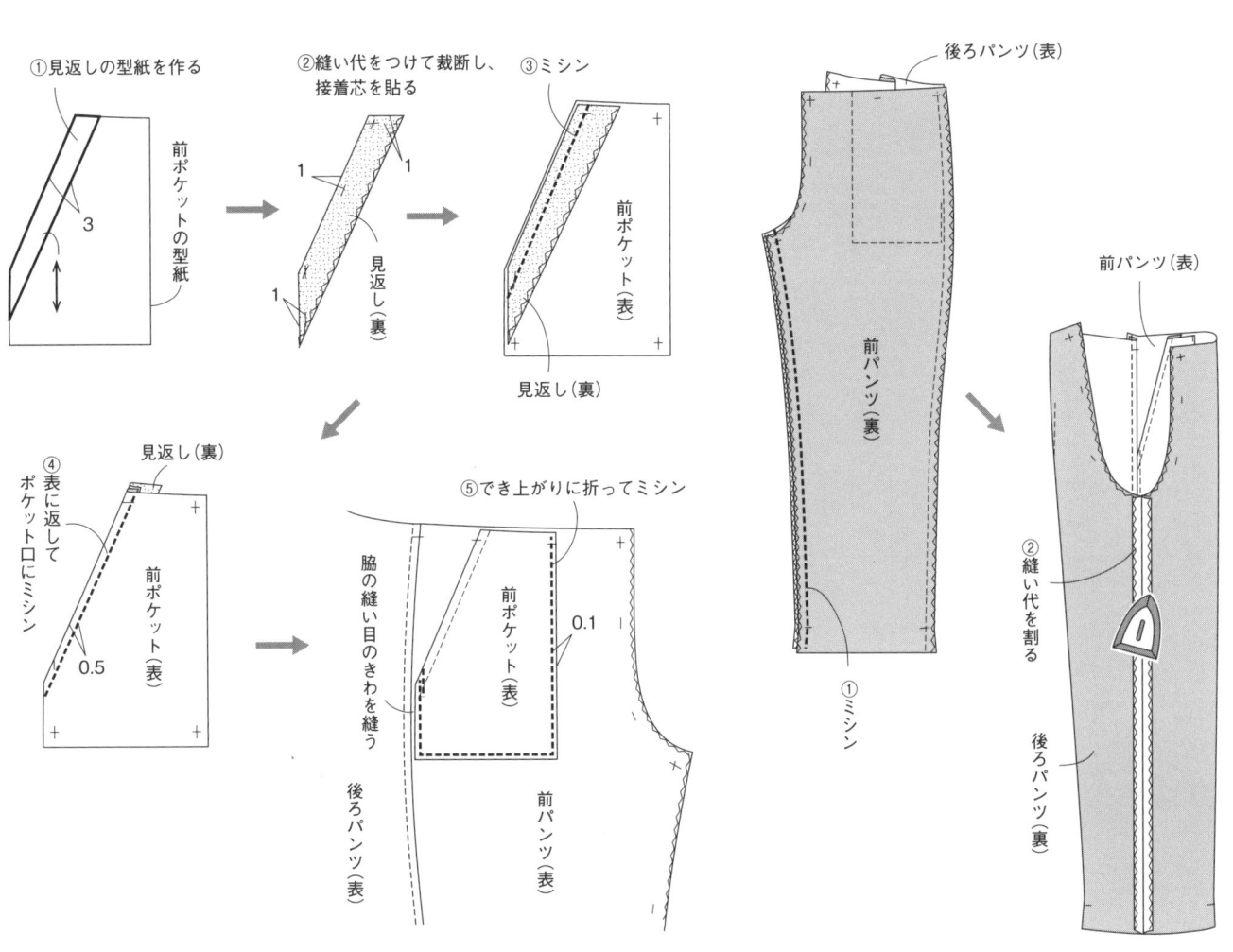

後ろパンツ（表）
前パンツ（裏）
① ミシン

前パンツ（表）
② 縫い代を割る
後ろパンツ（裏）

5 裾を始末します

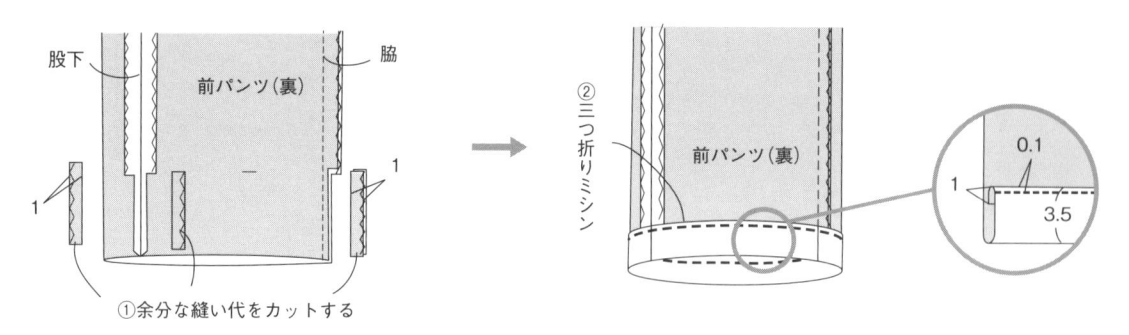

股下 脇
前パンツ(裏)
①余分な縫い代をカットする

②三つ折りミシン
前パンツ(裏)
0.1
1
3.5

6 股ぐりを縫います

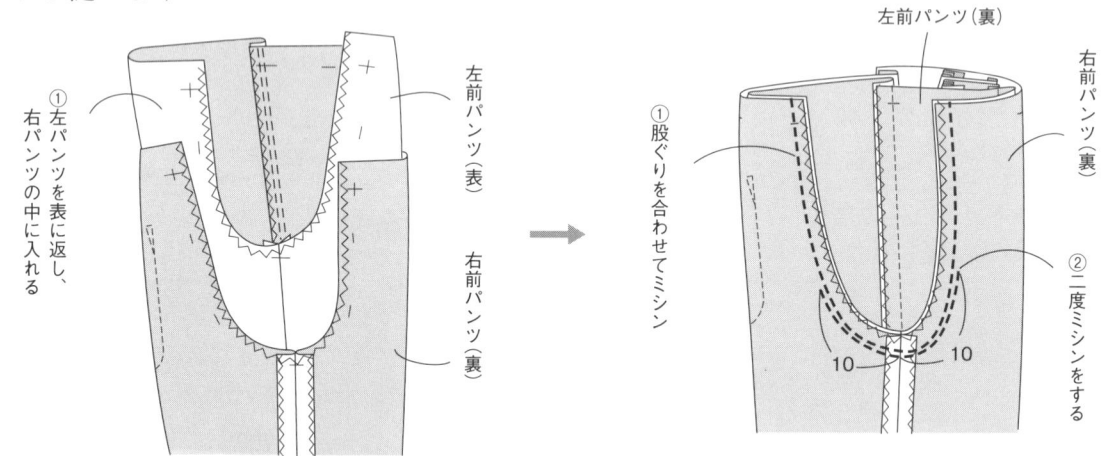

①左パンツを表に返し、右パンツの中に入れる
左前パンツ(表)　右前パンツ(裏)

①股ぐりを合わせてミシン
左前パンツ(裏)
右前パンツ(裏)
②二度ミシンをする
10　10

7 ベルトをつけます

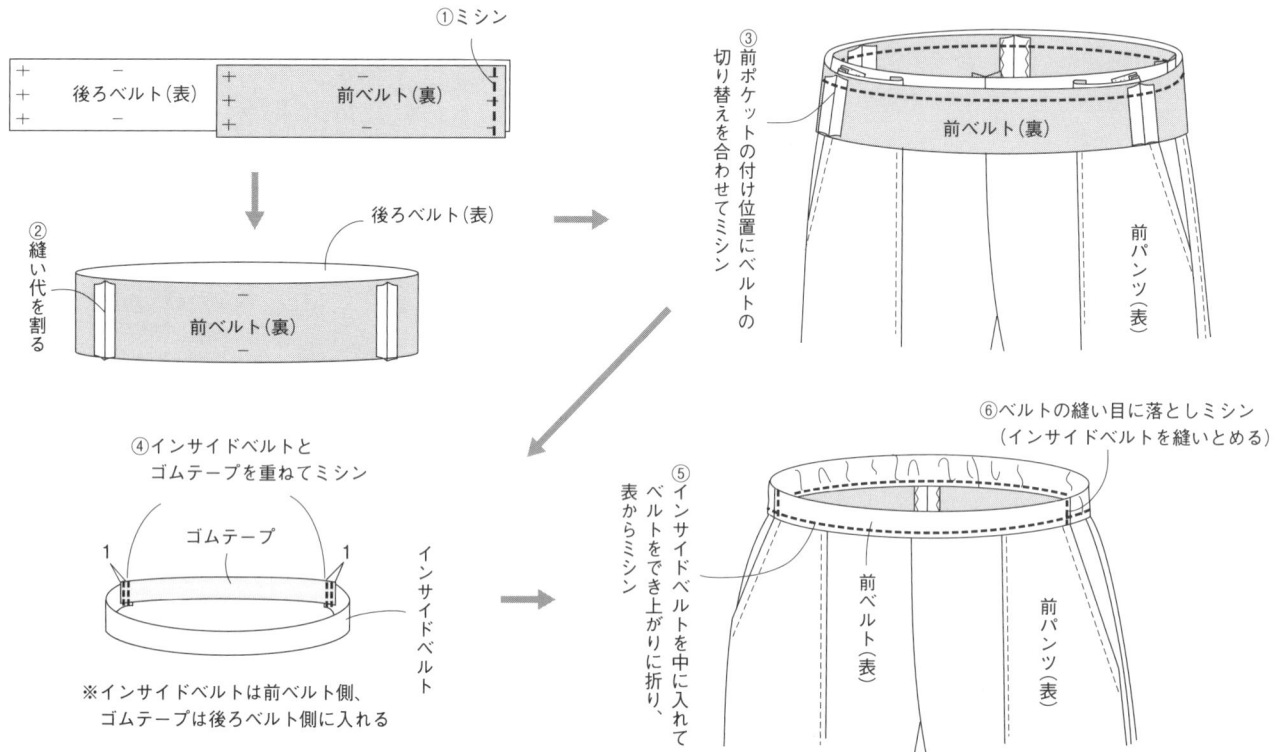

後ろベルト(表)　前ベルト(裏)
①ミシン

②縫い代を割る
後ろベルト(表)
前ベルト(裏)

③前ポケットの付け位置にベルトの切り替えを合わせてミシン
前ベルト(裏)
前パンツ(表)

④インサイドベルトとゴムテープを重ねてミシン
ゴムテープ
インサイドベルト
1　1
※インサイドベルトは前ベルト側、ゴムテープは後ろベルト側に入れる

⑥ベルトの縫い目に落としミシン（インサイドベルトを縫いとめる）
⑤インサイドベルトを中に入れてベルトをでき上がりに折り、表からミシン
前ベルト(表)
前パンツ(表)

ボレロ

p12 ボレロ付きワンピース
（ワンピースは p43）　p22

でき上がり寸法（9/11/13号の順）　実物大型紙（4面／E）
バスト…88/92/96cm　E前身頃　E後ろ身頃　E前見返し
着丈…49.5cm（3サイズ共通）　E後ろ見返し　E袖

材料（3サイズ共通）
表布（p12は麻、p22は綿麻混紡）
…110cm幅×190cm／
　　137cmまたは148cm幅×140cm
接着芯…90cm幅×55cm
ボタン…1個
力ボタン…1個（p12のみ）
スプリングホック…1組（p12のみ）
マグネットホック…1組（p22のみ）

作り方順序
* 見返しに接着芯を貼り、
　見返し・脇・袖下・袖口の
　縫い代の始末をする
1. 脇を縫う
2. 袖を作る
3. 袖をつける
4. 見返しを縫う
5. 見返しをつける
6. 裾を始末する
7. ボタンとホックをつける

*p12はスプリングホック、
　p22はマグネットホックをつけます

裁ち合わせ図
*110cm幅はp66を参照。

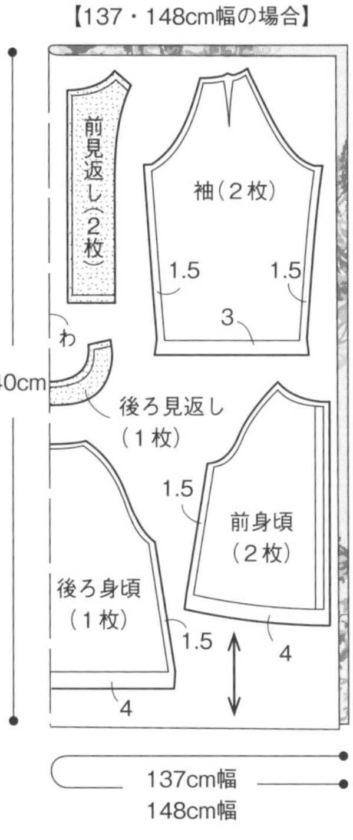

【137・148cm幅の場合】
前見返し（2枚）
袖（2枚）1.5　1.5　3
後ろ見返し（1枚）
前身頃（2枚）1.5
後ろ身頃（1枚）1.5　4
140cm
137cm幅
148cm幅

*指定以外の縫い代は1cm
* ▨ は接着芯を貼る

1 脇を縫います

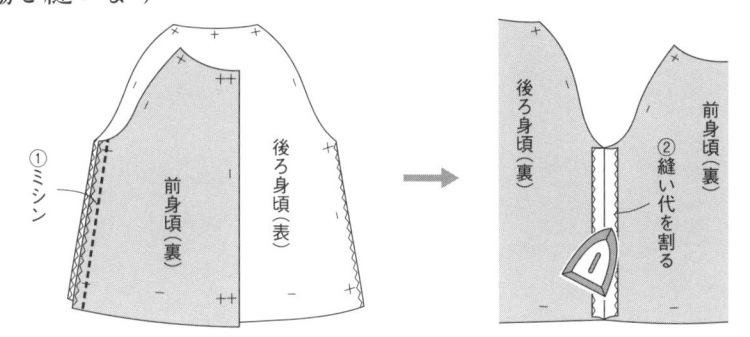

①ミシン　前身頃（裏）　後ろ身頃（表）
→ 後ろ身頃（裏）　前見返し（裏）　②縫い代を割る

2 袖を作ります

①ミシン　袖（裏）　②ミシン
→ ③ダーツを後ろ側に倒す　④縫い代を割る　袖（裏）　⑤まつる
→ ⑥表に返す　袖（表）

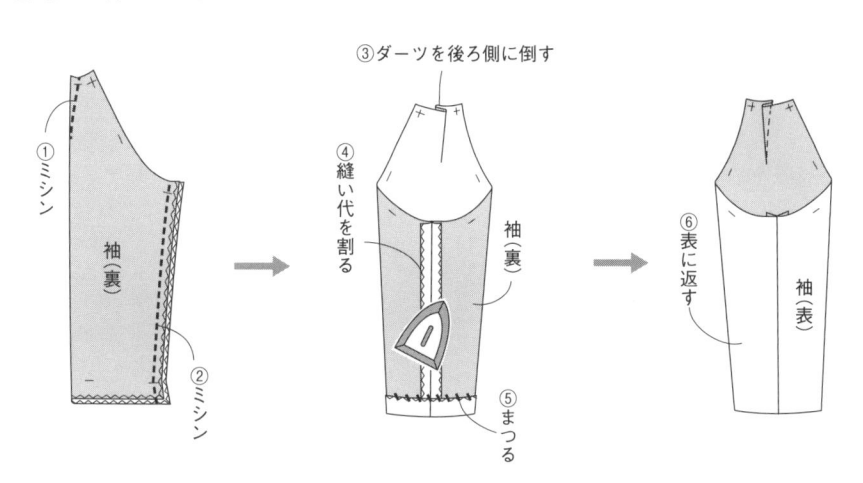

3 袖をつけます

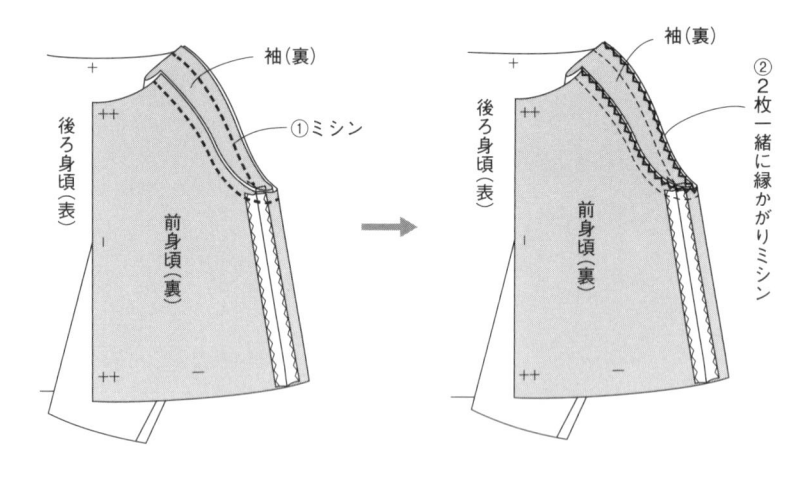

- 後ろ身頃（表）
- 袖（裏）
- ①ミシン
- 前身頃（裏）
- ②2枚一緒に縁かがりミシン

4 見返しを縫います

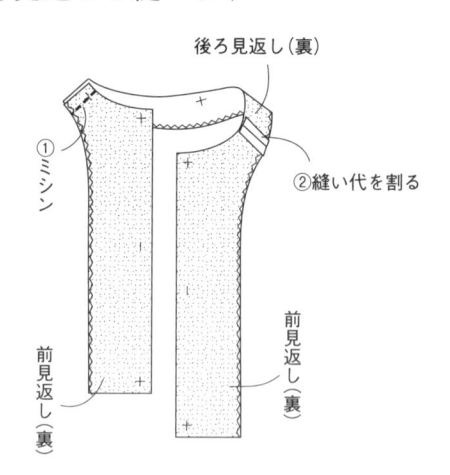

- 後ろ見返し（裏）
- ①ミシン
- ②縫い代を割る
- 前見返し（裏）

5 見返しをつけます

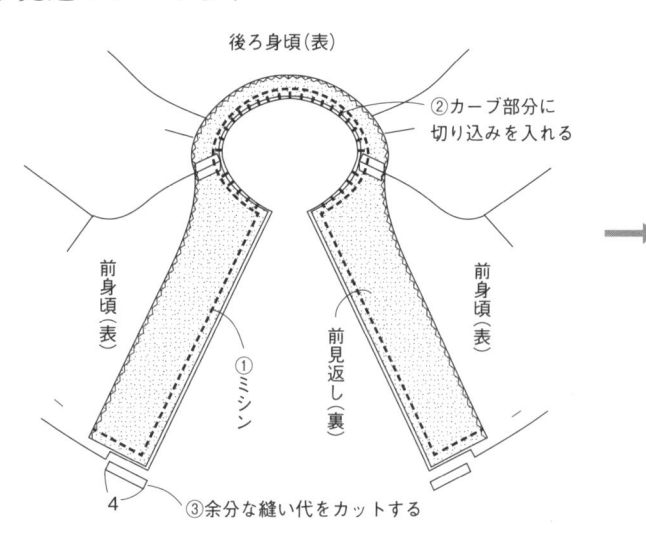

- 後ろ身頃（表）
- ②カーブ部分に切り込みを入れる
- 前身頃（表）
- 前見返し（裏）
- ①ミシン
- ③余分な縫い代をカットする
- 4
- ⑦表にひびかないようにまつる
- 5〜6
- ⑥縫い代にまつりつける
- ④0.1cm控えて表に返す
- ⑤縫い代に星どめ（p49参照）
- 前身頃（裏）
- 前見返し（表）
- 0.5

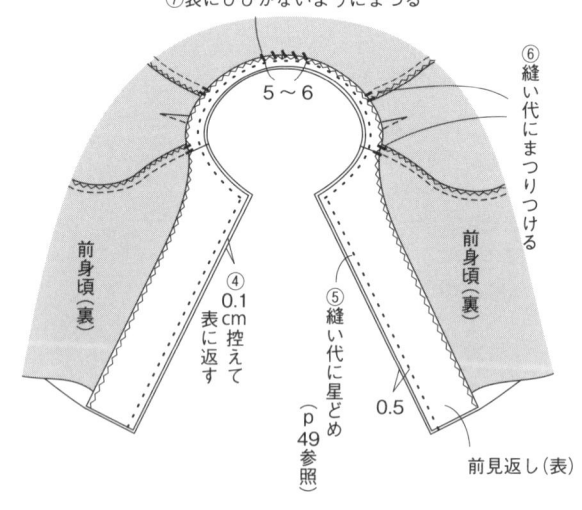

6 裾を始末します

- 前身頃（裏）
- 後ろ身頃（裏）
- ①表にひびかないようにまつる
- ②千鳥がけ

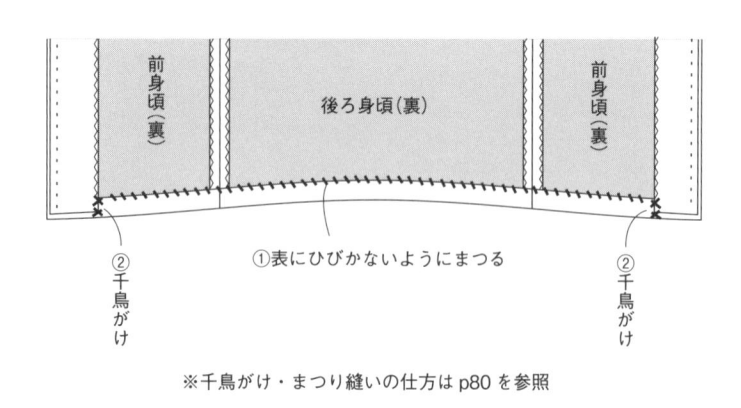

※千鳥がけ・まつり縫いの仕方はp80を参照

7 ボタンとホックをつけます

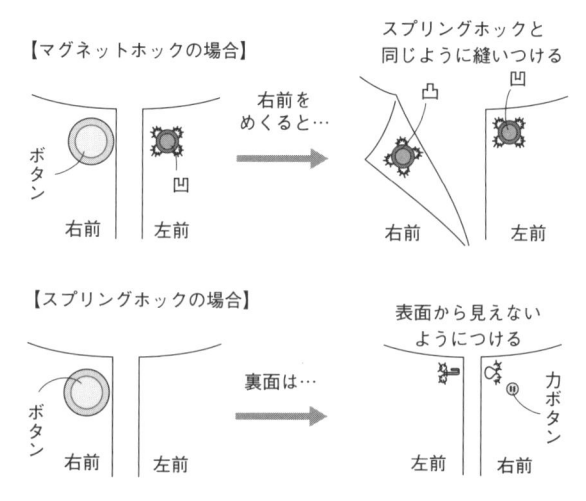

【マグネットホックの場合】
- ボタン 右前
- 凹 左前
- 右前をめくると…
- スプリングホックと同じように縫いつける
- 凸 右前
- 凹 左前

【スプリングホックの場合】
- ボタン 右前
- 左前
- 裏面は…
- 表面から見えないようにつける
- 左前
- カボタン 右前

※スプリングホックのつけ方はp50を参照

ボレロ arrange
（コート丈に）

p23　（スカートはp78）　p33

でき上がり寸法（9/11/13号の順）
バスト…88/92/96cm
着丈…86.5cm（3サイズ共通）

実物大型紙（4面／EまたはE'）
E 前身頃　E 後ろ身頃　E 前見返し
E 後ろ見返し　E 袖　E' ポケット袋布

材料（3サイズ共通）
表布（p23・p33とも綿麻混紡）
…110cm幅×260cm／137cm幅×240cm
接着芯…90cm幅×100cm
ボタン…3個(p23)、1個(p33)
マグネットホック…3組(p23)、1組(p33)

作り方順序
* 見返し・ポケット口に接着芯を貼り、
　見返し・脇・袖下・袖口・
　ポケット袋布の縫い代の始末をする
1　脇を縫う
2　ポケットを作り、つける
3　袖を作る
4　袖をつける
5　見返しを縫う
6　見返しをつける
7　裾を始末する
8　ボタンとマグネットホックをつける

* ポケットをつける工程以外は、p63
のボレロの作り方と同じです（ポケ
ットのつけ方はp68を参照）

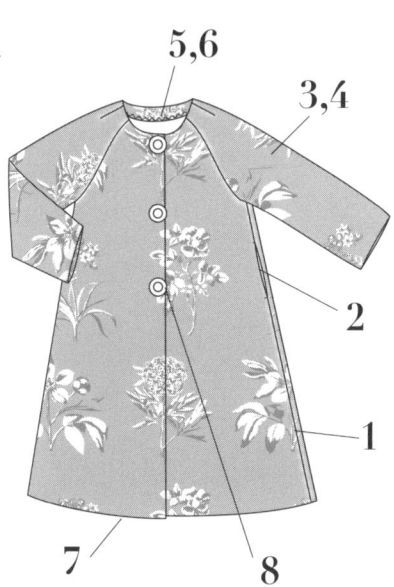

型紙のアレンジ
身頃の裾のでき上がり線から平行に丈を37cm伸ば
します。同様に後ろ身頃・前見返しも伸ばします。

※p68のジャケットも同様に
丈を4cm伸ばします

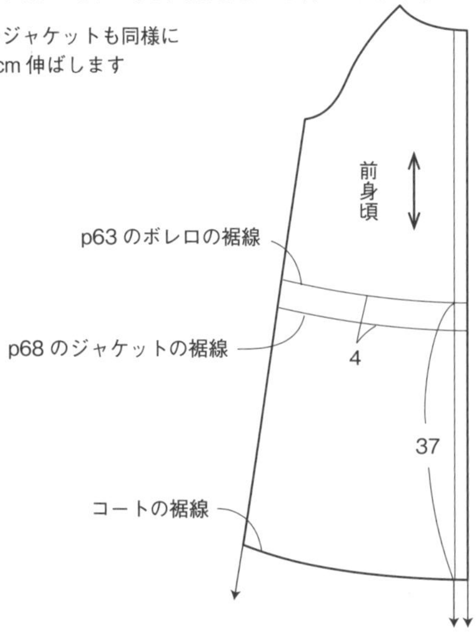

裁ち合わせ図
【110cm幅の場合】　【137cm幅の場合】

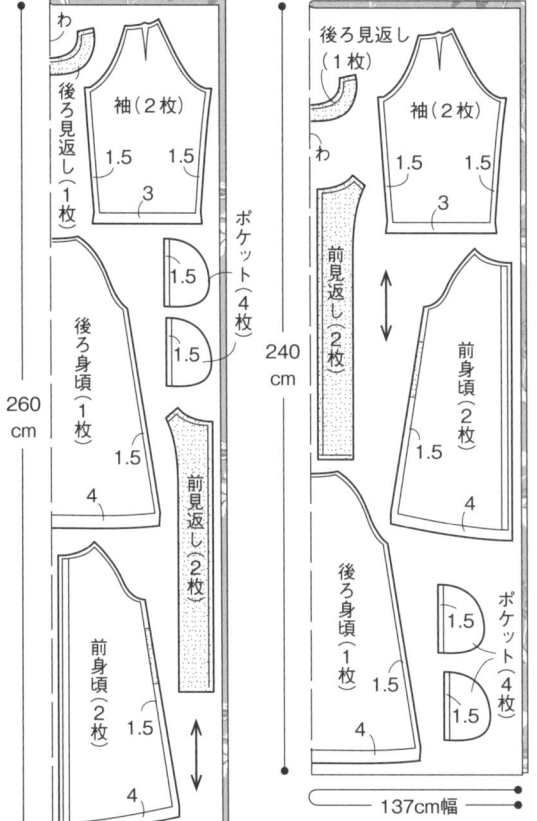

* 指定以外の縫い代は1cm
* 　は接着芯を貼る

p63のボレロの裾線
p68のジャケットの裾線
コートの裾線
前身頃

ボレロの裾線から平行に前中心線と脇線を伸ばす

ボレロ arrange
（裏地をつけて）

p29 Black Formal
（ワンピースは p53）

でき上がり寸法（9/11/13号の順）
バスト…88/92/96cm
着丈…49.5cm（3サイズ共通）

実物大型紙（4面／E）
E 前身頃　E 後ろ身頃　E 前見返し
E 後ろ見返し　E 袖

材料（3サイズ共通）
表布（綿）…110cm幅×190cm
裏布…120cm幅×120cm
接着芯…90cm幅×55cm
ボタン…3個

作り方順序
＊ 見返しに接着芯を貼る
1 脇を縫う（→p63の1）
2 袖を作る（→p63の2）
3 裏袖を表袖につける
4 袖をつける
5 裏身頃を見返しにつける
6 見返しの肩と裏身頃の脇を縫う
7 見返しを表身頃につける
8 裾を始末する
9 裏袖を始末する
10 ボタンホールを作り、ボタンをつける
　　（→p59の7）

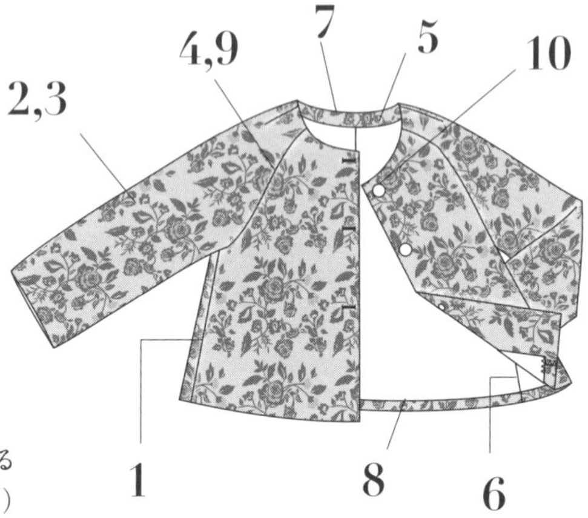

裁ち合わせ図

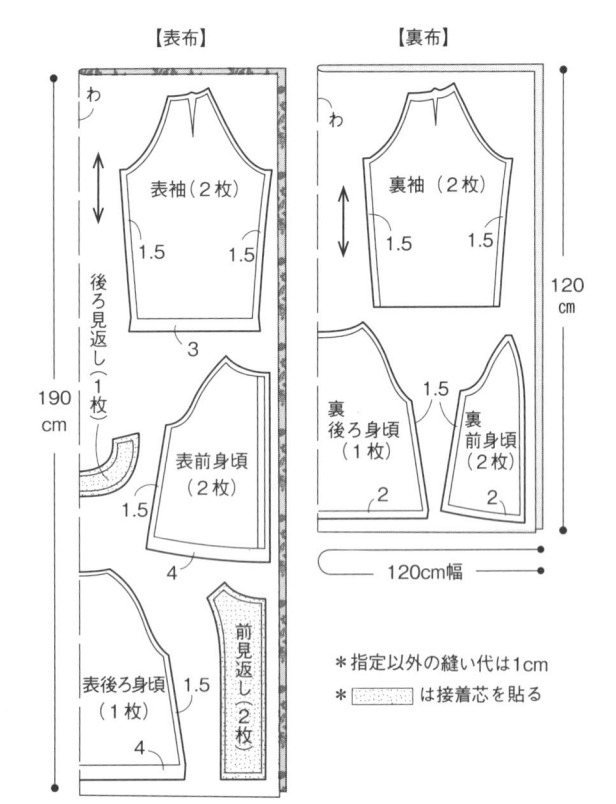

【表布】　【裏布】

＊指定以外の縫い代は1cm
＊ ░░ は接着芯を貼る

裏布の型紙の作り方
後ろ身頃は、後ろ見返しの幅分をカットし、さらに背中心で1cm幅を広くします。同様に、前身頃と袖も見返しの型紙をあて、見返しの幅分をカットします。

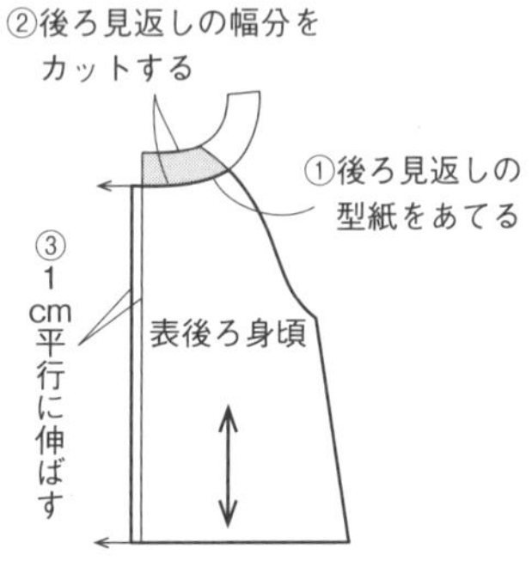

①後ろ見返しの型紙をあてる
②後ろ見返しの幅分をカットする
③1cm平行に伸ばす

3 裏袖を表袖につけます

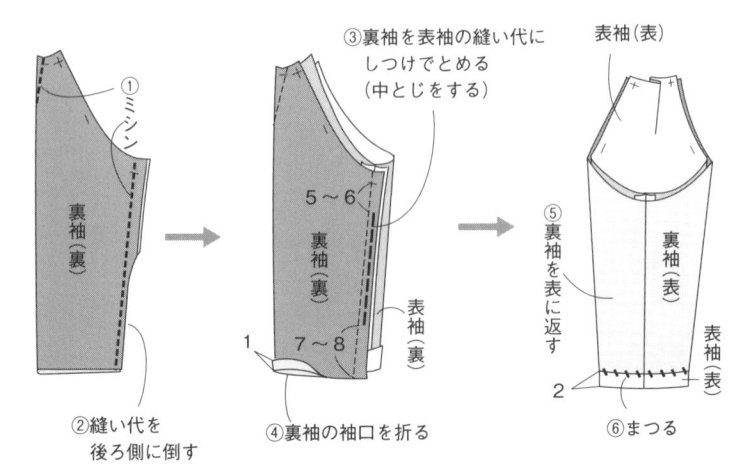

①ミシン
②縫い代を後ろ側に倒す
③裏袖を表袖の縫い代にしつけでとめる（中とじをする）
④裏袖の袖口を折る
⑤裏袖を表に返す
⑥まつる

4 袖をつけます

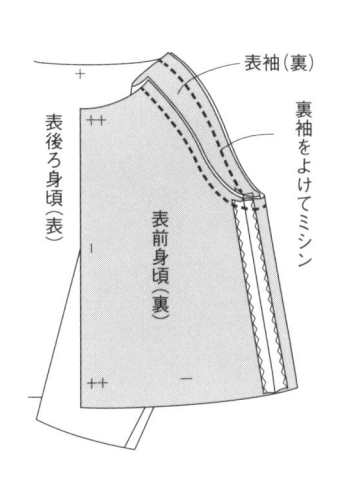

- 表袖（裏）
- 裏袖をよけてミシン
- 表前身頃（裏）
- 表後ろ身頃（表）

5 裏身頃を見返しにつけます

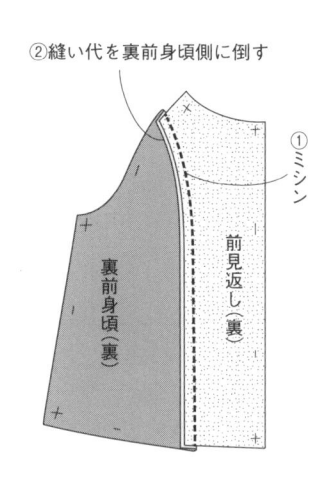

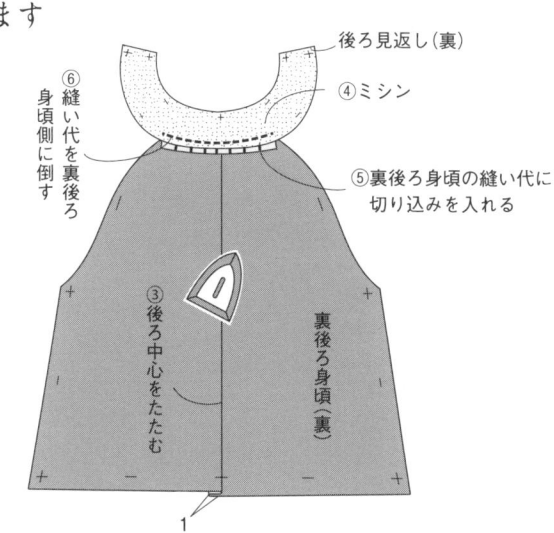

- ②縫い代を裏前身頃側に倒す
- ①ミシン
- 裏前身頃（裏）
- 前見返し（裏）

- ⑥縫い代を裏後ろ身頃側に倒す
- 後ろ見返し（裏）
- ④ミシン
- ⑤裏後ろ身頃の縫い代に切り込みを入れる
- ③後ろ中心をたたむ
- 裏後ろ身頃（裏）
- 1

6 見返しの肩と裏身頃の脇を縫います

- 後ろ見返し（表）
- ①見返しの肩を中表に合わせてミシン
- ②縫い代を後ろ側に倒す
- ③裏身頃の脇を合わせてミシン
- ④縫い代を後ろ側に倒す
- 裏後ろ身頃（表）
- 前見返し（裏）
- 裏前身頃（裏）

7 見返しを表身頃につけます

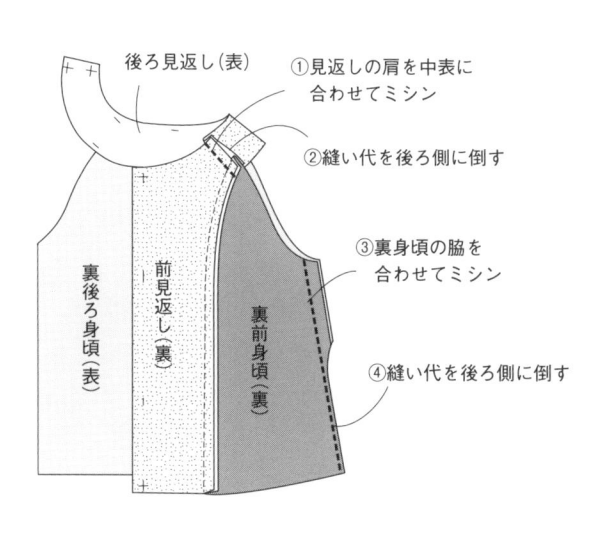

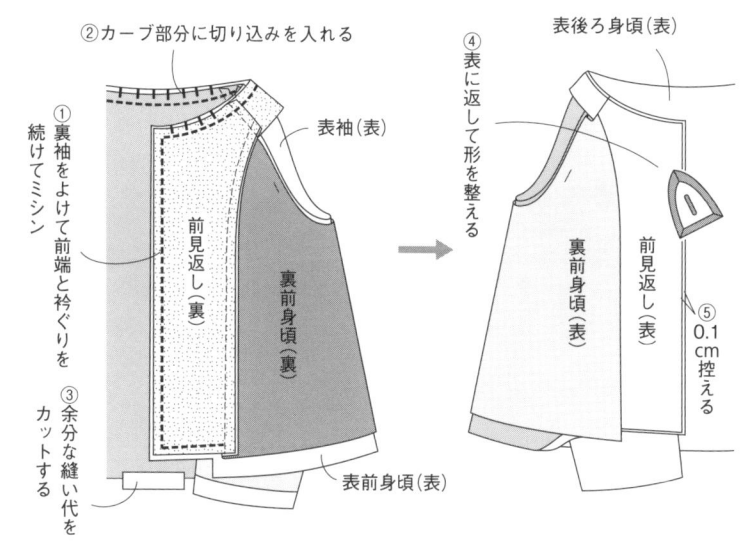

- ②カーブ部分に切り込みを入れる
- ①裏袖をよけて前端と衿ぐりを続けてミシン
- ③余分な縫い代をカットする
- 表袖（表）
- 前見返し（裏）
- 裏前身頃（裏）
- 表前身頃（表）

- ④表に返して形を整える
- 表後ろ身頃（表）
- 裏前身頃（表）
- 前見返し（表）
- ⑤0.1cm控える

8 裾を始末します

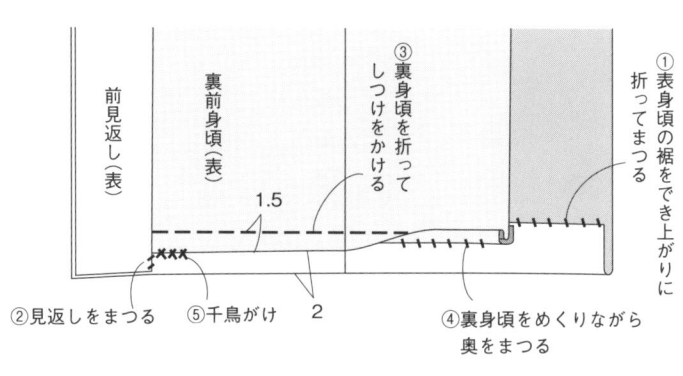

- ①表身頃の裾をでき上がりに折ってまつる
- ③裏身頃をしつけをかける
- 裏前身頃（表）
- 前見返し（表）
- ②見返しをまつる
- ⑤千鳥がけ
- 1.5
- 2
- ④裏身頃をめくりながら奥をまつる

※千鳥がけ・まつり縫い・しつけの仕方はp80を参照

9 裏袖を始末します

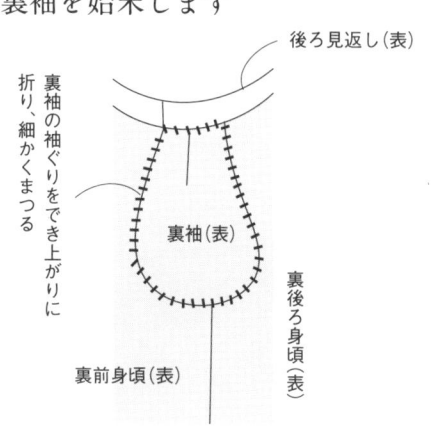

- 後ろ見返し（表）
- 裏袖の袖ぐりをでき上がりに折り、細かくまつる
- 裏袖（表）
- 裏前身頃（表）
- 裏後ろ身頃（表）

ボレロ arrange
（ジャケット丈に）

でき上がり寸法（9/11/13号の順）　実物大型紙（4面／EまたはE'）
バスト…88/92/96cm　　　　　　　　E 前身頃　E 後ろ身頃　E 前見返し　E 後ろ見返し
着丈…53.5cm（3サイズ共通）　　　　E 袖　E' ポケット袋布

p34（スカートはp78）

材料（3サイズ共通）
表布（レーヨン・ポリエステル混紡）
…110cm幅×200cm／
　140cm幅×160cm
接着芯…90cm幅×60cm
ボタン…1個
スプリングホック…1組

型紙のアレンジ
身頃の裾を平行に4cm伸ばします
（裾の伸ばし方はp65を参照）。

作り方順序
* 見返し・ポケット口に接着芯を貼り、見返し・脇・袖下・袖口・ポケットの縫い代の始末をする
1. 脇を縫う
2. ポケットを作り、つける
3. 袖を作る
4. 袖をつける
5. 見返しを縫う
6. 見返しをつける
7. 裾を始末する
8. ボタンとスプリングホックをつける

*ポケットをつける工程以外は、p63のボレロの作り方と同じです

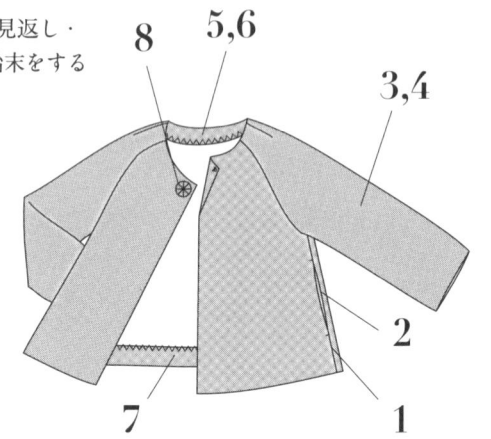

裁ち合わせ図

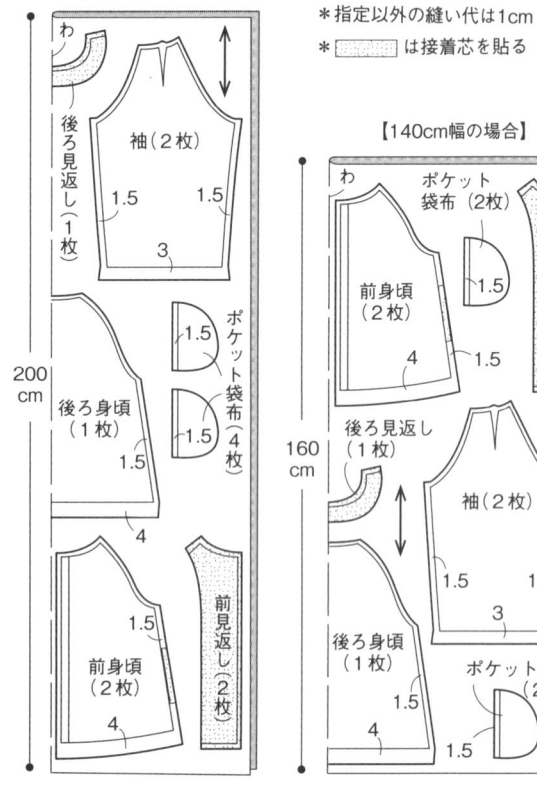

【110cm幅の場合】
【140cm幅の場合】

*指定以外の縫い代は1cm
* ▨ は接着芯を貼る

2 ポケットをつけます

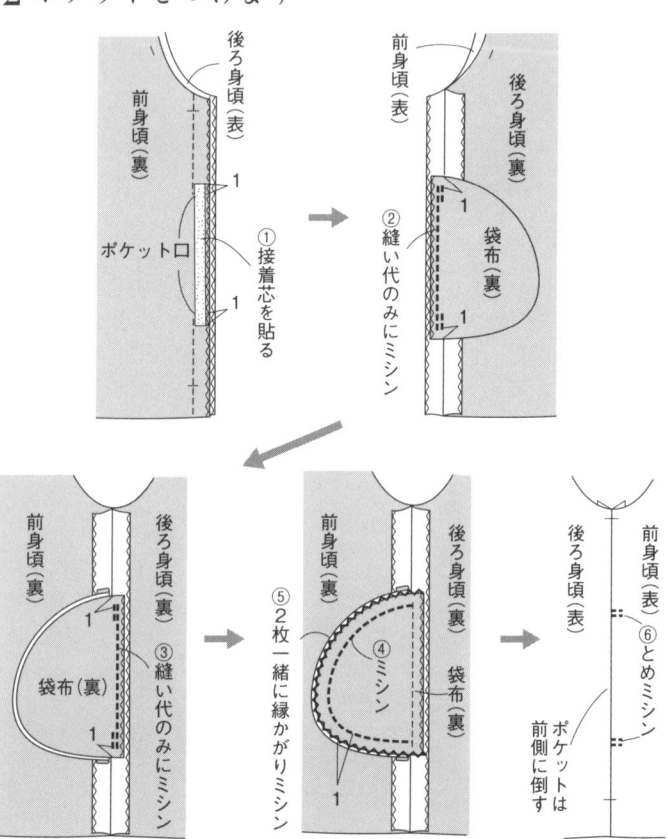

ドレープ付きリネンワンピース

でき上がり寸法（9/11/13号の順）
バスト…88/92/96cm
着丈…94cm（3サイズ共通）

実物大型紙（4面／F）
F 前上身頃　F 後ろ上身頃　F 前下身頃
F 後ろ下身頃　F 袖　F カフス
F ドレープ布

p24　p25

材料（3サイズ共通）

表布（p24は綿麻混紡、p25は麻）
…110cm幅×370cm ／ 140cmまたは148cm幅×240cm
接着芯…90cm幅×15cm
コンシールファスナー…56cm1本

裁ち合わせ図

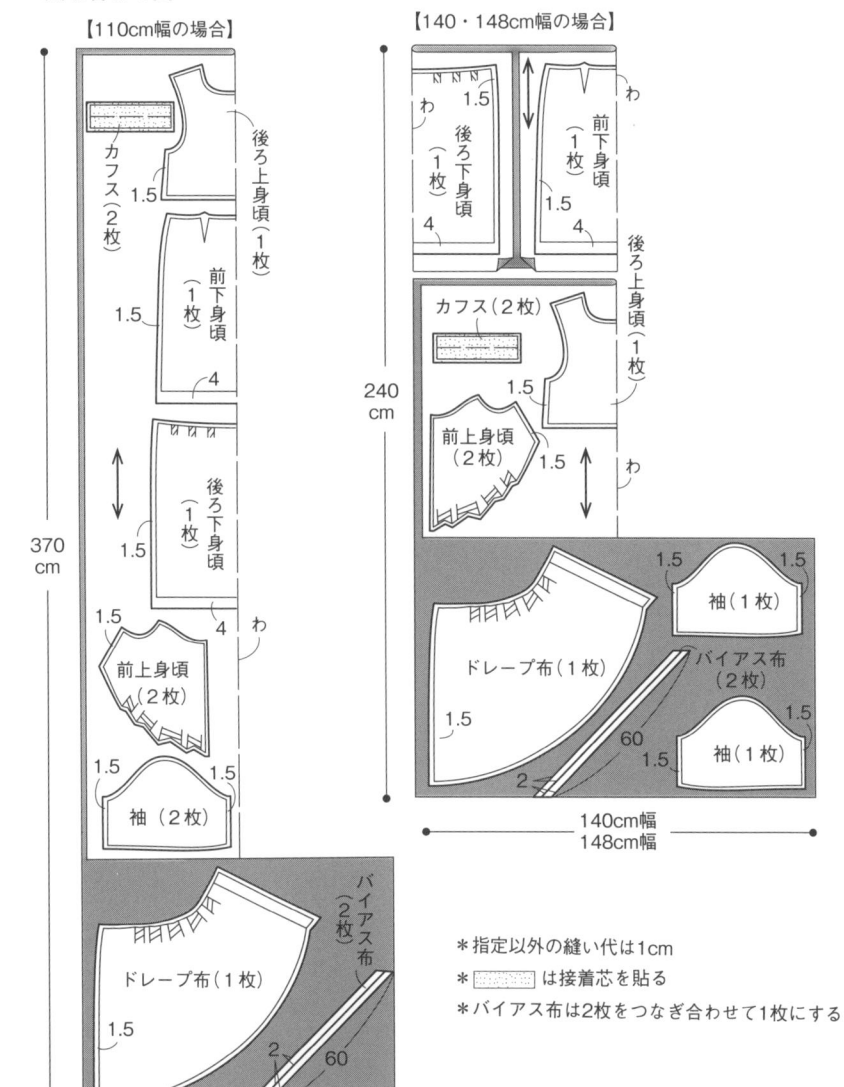

【110cm幅の場合】
【140・148cm幅の場合】

* 指定以外の縫い代は1cm
* ▨は接着芯を貼る
* バイアス布は2枚をつなぎ合わせて1枚にする

作り方順序

* カフスに接着芯を貼り、左脇・袖下の縫い代の始末をする
1. 上身頃のタックとギャザーを縫う
2. 肩を縫う
3. 前端・衿ぐりを始末する
4. 下身頃のダーツとタックを縫う
5. ウエストを縫う
6. 左脇を縫い、ファスナーをつける
7. 右脇を縫う
8. 袖を作り、つける
9. 裾を始末する（→p50）

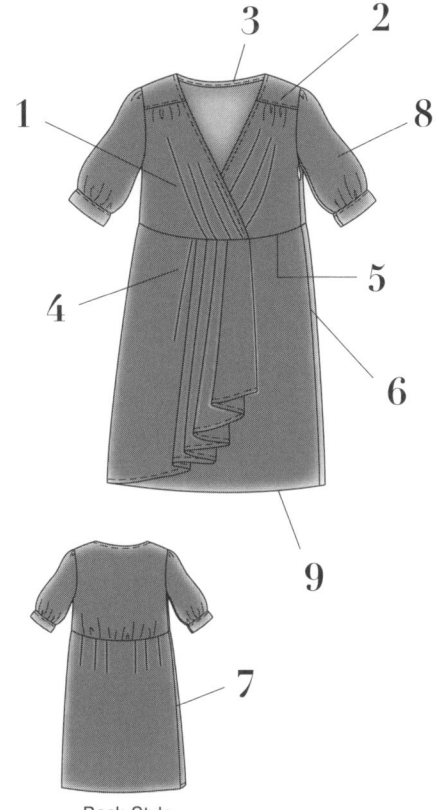

Back Style

1 上身頃のタックとギャザーを縫います

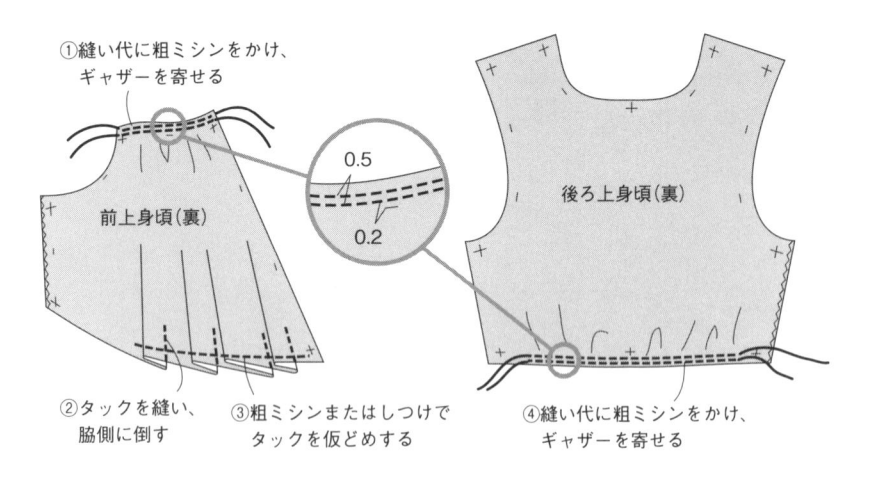

① 縫い代に粗ミシンをかけ、ギャザーを寄せる
② タックを縫い、脇側に倒す
③ 粗ミシンまたはしつけでタックを仮どめする
④ 縫い代に粗ミシンをかけ、ギャザーを寄せる

前上身頃(裏)　後ろ上身頃(裏)

0.5
0.2

2 肩を縫います

① ミシン
② 2枚一緒に縁かがりミシン
③ 縫い代を後ろ側に倒してミシン

前上身頃(裏)　後ろ上身頃(裏)　前上身頃(表)

3 前端・衿ぐりを始末します

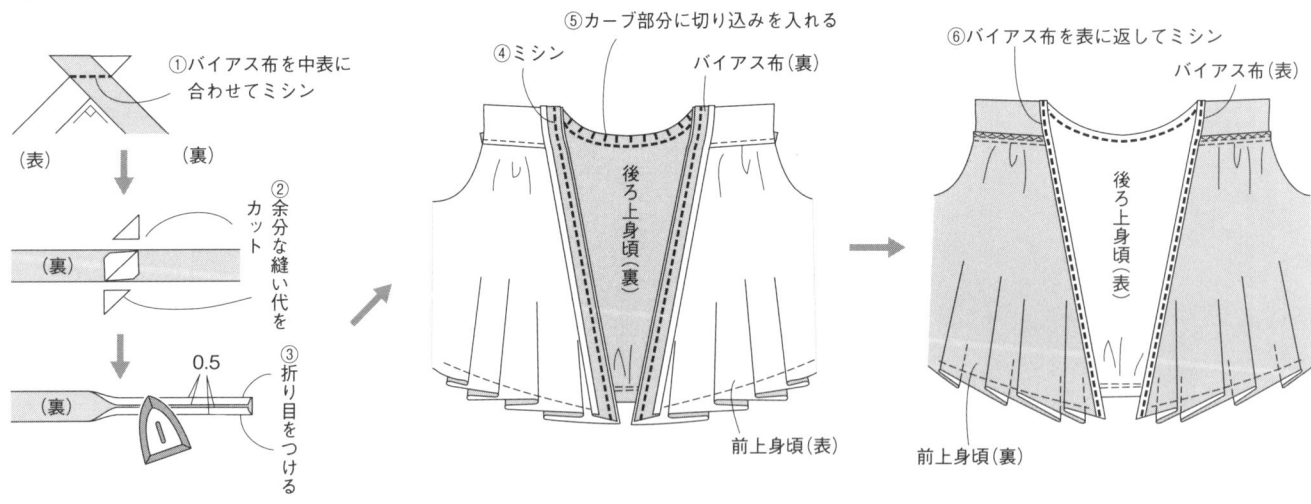

① バイアス布を中表に合わせてミシン
(表)　(裏)
余分な縫い代をカット
(裏)
0.5
③ 折り目をつける

④ ミシン
⑤ カーブ部分に切り込みを入れる
バイアス布(裏)
後ろ上身頃(裏)
前上身頃(表)

⑥ バイアス布を表に返してミシン
バイアス布(表)
後ろ上身頃(表)
前上身頃(裏)

4 下身頃のダーツとタックを縫います

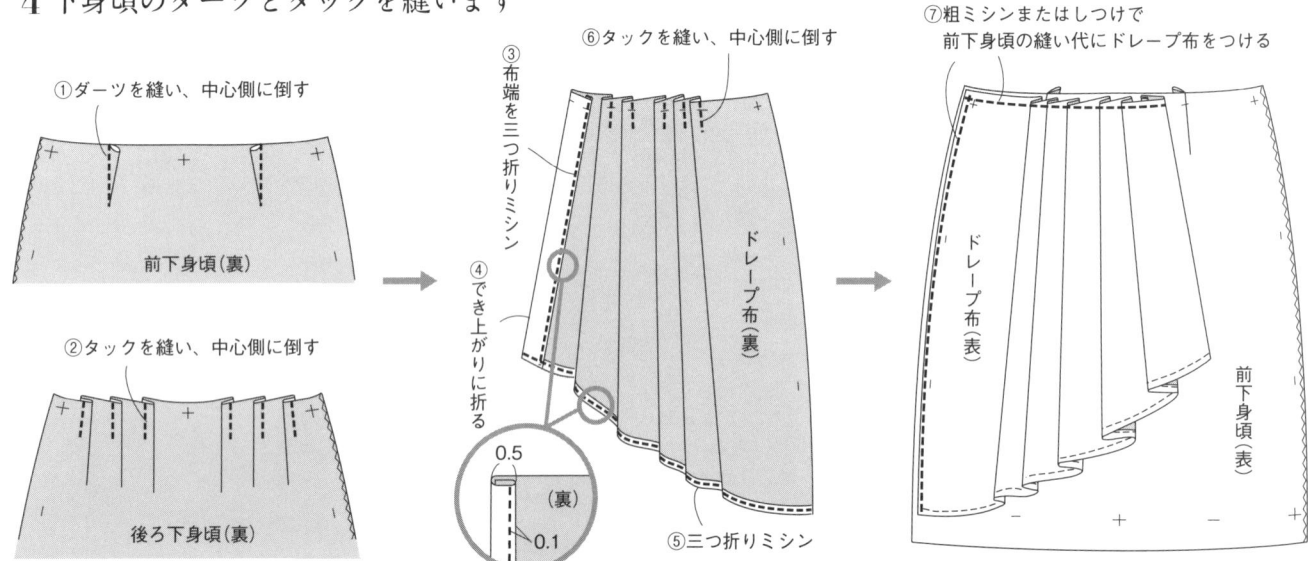

① ダーツを縫い、中心側に倒す
前下身頃(裏)

② タックを縫い、中心側に倒す
後ろ下身頃(裏)

③ 布端を三つ折りミシン
④ でき上がりに折る
⑥ タックを縫い、中心側に倒す
⑤ 三つ折りミシン
ドレープ布(裏)
(裏)
0.5
0.1

⑦ 粗ミシンまたはしつけで前下身頃の縫い代にドレープ布をつける
ドレープ布(表)
前下身頃(表)

5 ウエストを縫います

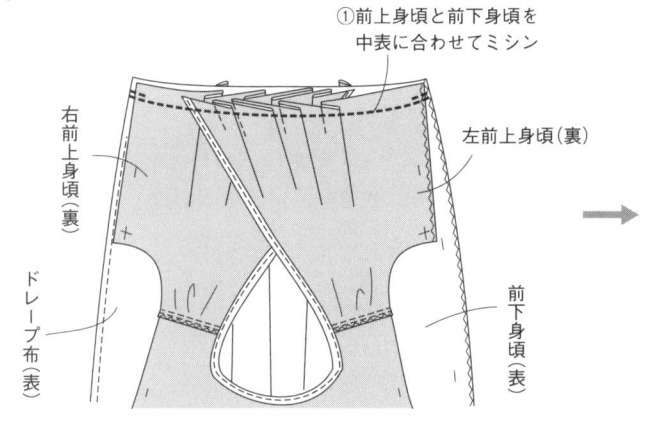

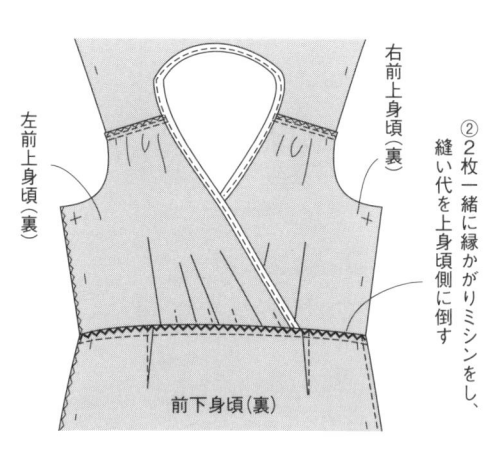

①前上身頃と前下身頃を中表に合わせてミシン

右前上身頃（裏）
左前上身頃（裏）
ドレープ布（表）
前下身頃（表）

②2枚一緒に縁かがりミシンをし、縫い代を上身頃側に倒す

左前上身頃（裏）
右前上身頃（裏）
前下身頃（裏）

※後ろ上身頃と後ろ下身頃もウエストを縫い合わせる。

6 左脇を縫い、ファスナーをつけます

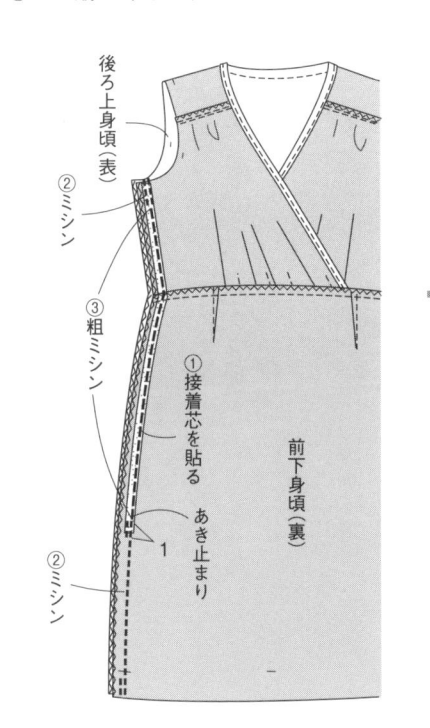

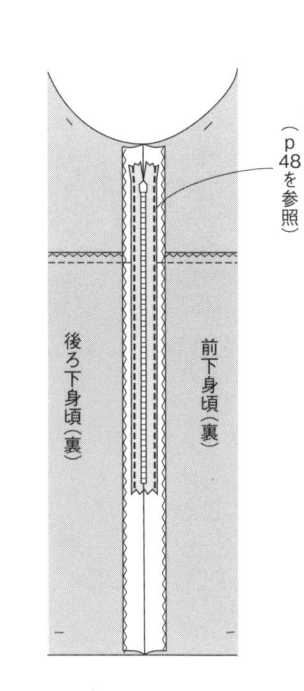

後ろ上身頃（表）
②ミシン
③粗ミシン
①接着芯を貼る
あき止まり
1
②ミシン
前下身頃（裏）

後ろ下身頃（裏）
前下身頃（裏）
④コンシールファスナーをつける（p48を参照）

7 右脇を縫います

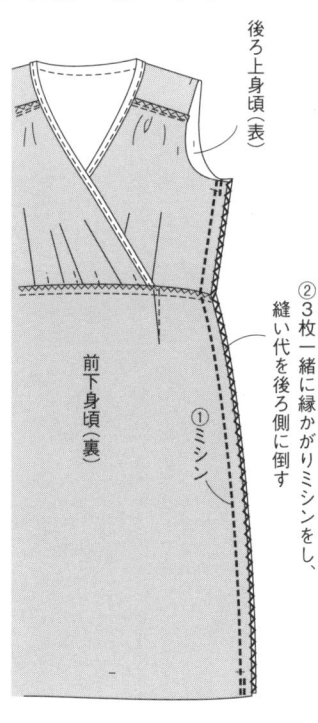

後ろ上身頃（表）
②3枚一緒に縁かがりミシンをし、縫い代を後ろ側に倒す
前下身頃（裏）
①ミシン

8 袖を作り、つけます

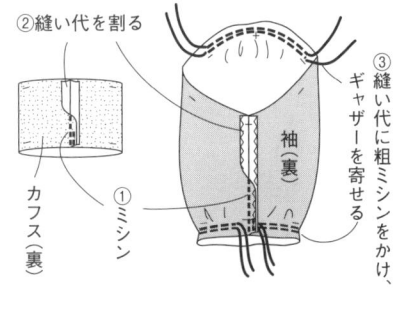

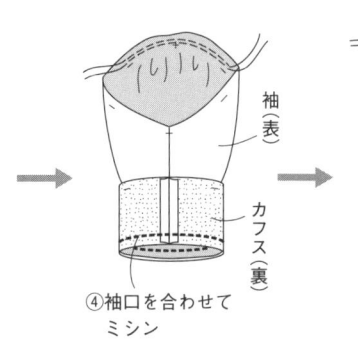

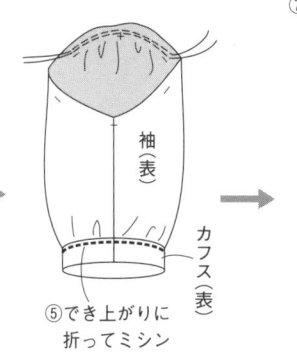

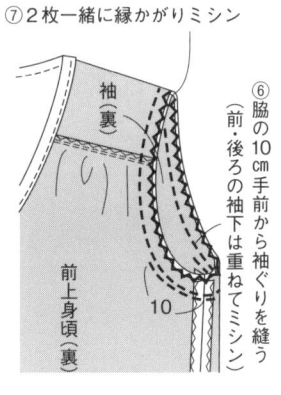

②縫い代を割る
①ミシン
カフス（裏）

③縫い代に粗ミシンをかけ、ギャザーを寄せる
袖（裏）

袖（表）
④袖口を合わせてミシン
カフス（裏）

袖（表）
⑤でき上がりに折ってミシン
カフス（表）

⑦2枚一緒に縁かがりミシン
袖（裏）
⑥脇の10cm手前から袖下は袖ぐりを縫う（前・後ろの袖下は重ねてミシン）
前上身頃（裏）
10

71

スラッシュあきデニムワンピース

でき上がり寸法（9/11/13号の順）
バスト…96/100/104cm
着丈…99cm（3サイズ共通）

実物大型紙（3面／G）
G 前上身頃　G 後ろ上身頃　G 前切り替え布　G 後ろ切り替え布
G 前見返し　G 後ろ見返し　G 前下身頃　G 後ろ下身頃
G 袖　G ポケット袋布

p27

材料（3サイズ共通）

表布（デニム）…112cm幅×250cm
接着芯…90cm幅×35cm
コンシールファスナー…56cm1本

裁ち合わせ図

作り方順序

* 見返しに接着芯を貼り、見返し・脇・肩・袖下・袖口の縫い代の始末をする
1. 上・下身頃のダーツを縫う（→p46）
2. 切り替え布をつける
3. 身頃と見返しの肩を縫う
4. 見返しをつける
5. 上・下身頃の右脇を縫う
6. ポケットを作り、つける（→p68の2）
7. ウエストを縫う
8. 左脇を縫い、ファスナーをつける（→p71の6）
9. 袖を作り、つける（→p49）
10. 裾を始末する（→p50）

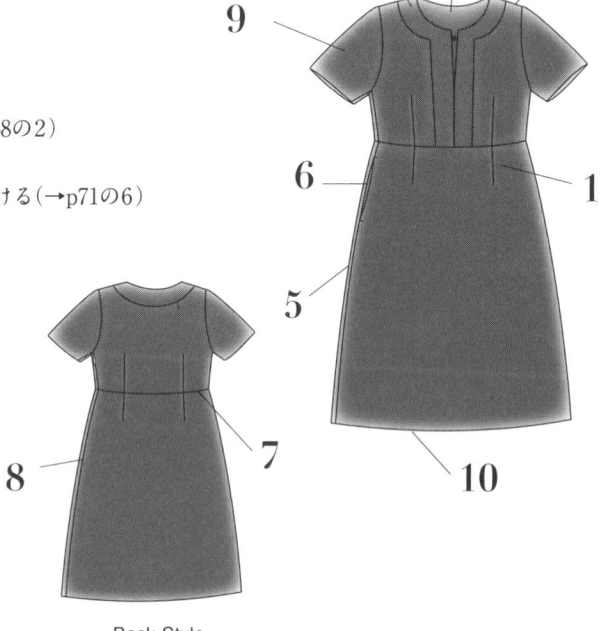

Back Style

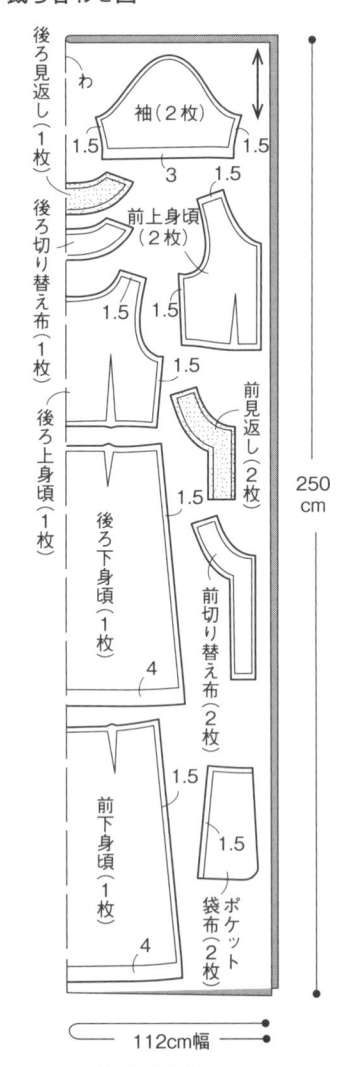

* 指定以外の縫い代は1cm
* ░ は接着芯を貼る

2 切り替え布をつけます

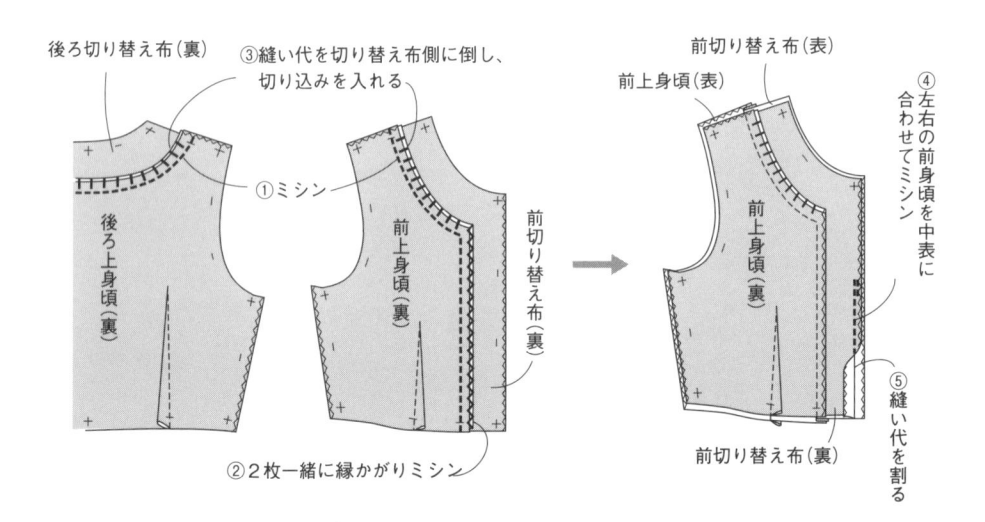

① ミシン
② 2枚一緒に縁かがりミシン
③ 縫い代を切り替え布側に倒し、切り込みを入れる
④ 左右の前身頃を中表に合わせてミシン
⑤ 縫い代を割る

3 身頃と見返しの肩を縫います

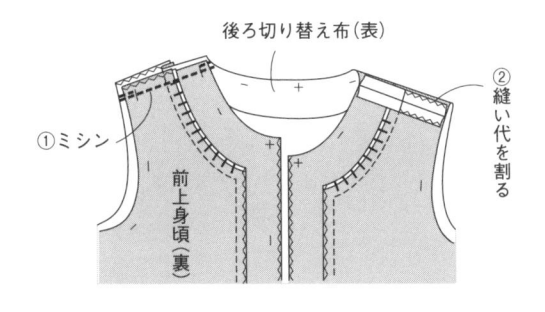

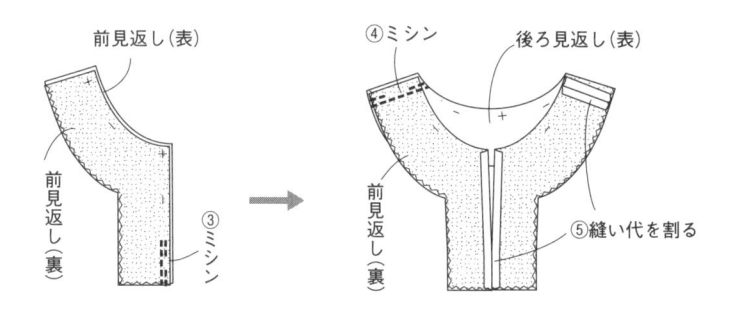

- 後ろ切り替え布(表)
- ①ミシン
- ②縫い代を割る
- 前上身頃(裏)
- 前見返し(表)
- 前見返し(裏)
- ③ミシン
- ④ミシン
- 後ろ見返し(表)
- ⑤縫い代を割る

4 見返しをつけます

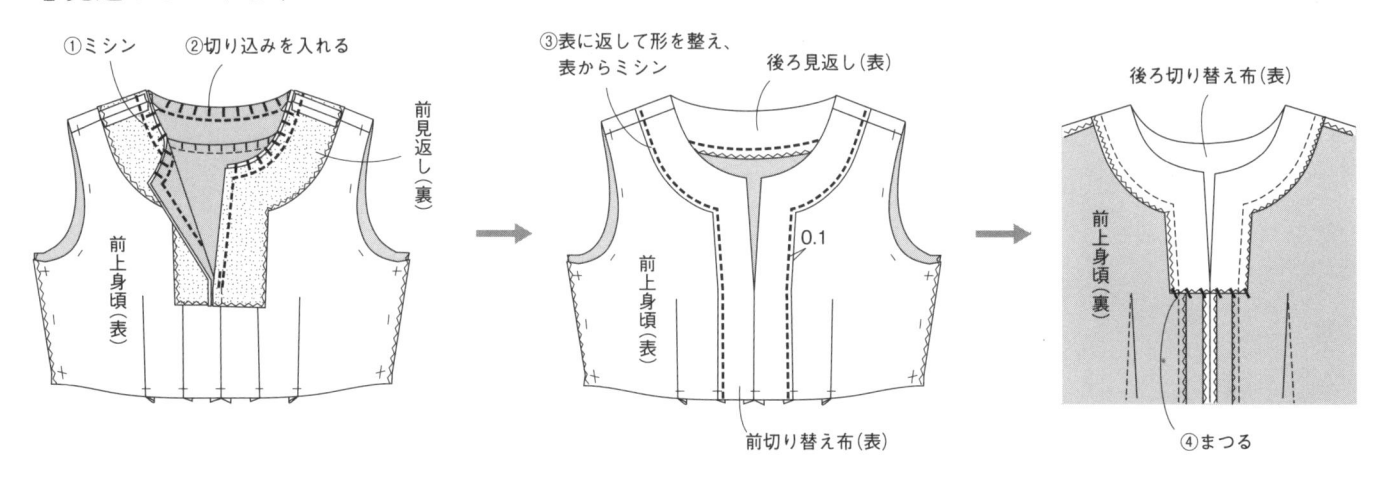

- ①ミシン
- ②切り込みを入れる
- 前見返し(裏)
- 前上身頃(表)
- ③表に返して形を整え、表からミシン
- 後ろ見返し(表)
- 0.1
- 前切り替え布(表)
- 後ろ切り替え布(表)
- 前上身頃(裏)
- ④まつる

5 上・下身頃の右脇を縫います

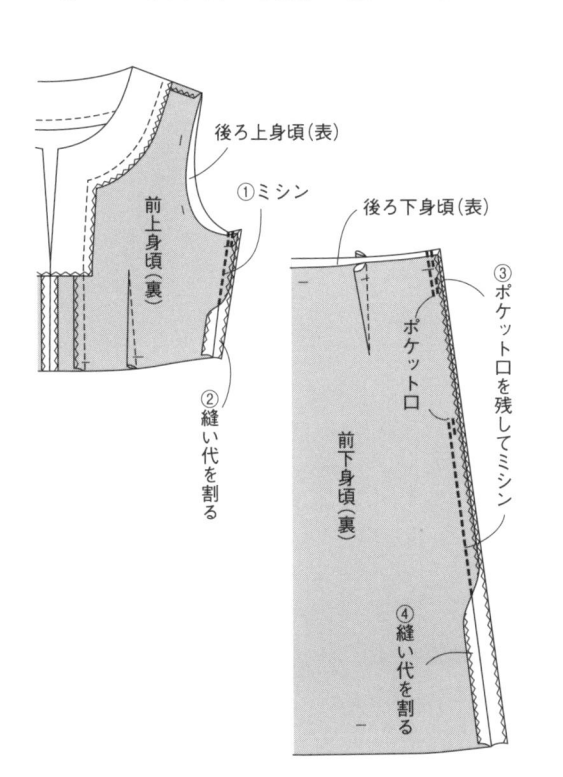

- 後ろ上身頃(表)
- ①ミシン
- 前上身頃(裏)
- ②縫い代を割る
- 後ろ下身頃(表)
- ポケット口
- 前下身頃(裏)
- ③ポケット口を残してミシン
- ④縫い代を割る

7 ウエストを縫います

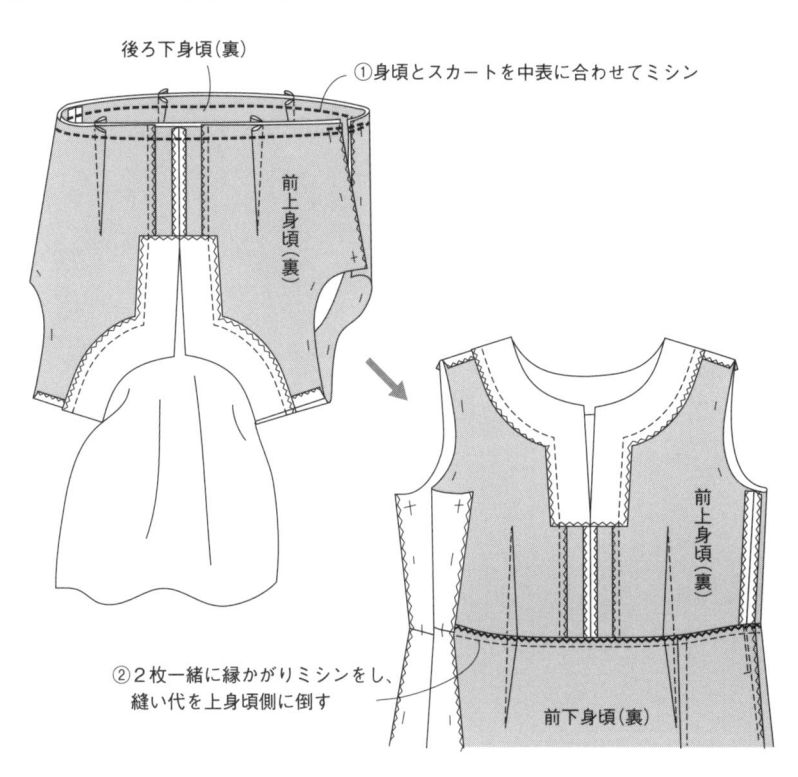

- 後ろ下身頃(裏)
- ①身頃とスカートを中表に合わせてミシン
- 前上身頃(裏)
- ②2枚一緒に縁かがりミシンをし、縫い代を上身頃側に倒す
- 前上身頃(裏)
- 前下身頃(裏)

スラッシュあきワンピース arrange
(切り替えなし)

p26

でき上がり寸法
　　　　　　（9/11/13号の順）
バスト…96/100/104cm
着丈…96cm（3サイズ共通）

実物大型紙（3面／GまたはG'）
G' 前上身頃　G' 後ろ上身頃
G 前見返し　G 後ろ見返し　G 前下身頃　G 後ろ下身頃
G 袖　G ポケット袋布

材料（3サイズ共通）
表布（綿麻混紡）…110cm幅×250cm ／ 137cm幅×210cm
接着芯…90cm幅×35cm
コンシールファスナー…56cm1本

型紙のアレンジ
下身頃の型紙を裾線から平行に3cmカットします
（スカート丈のアレンジはp58を参照）。

裁ち合わせ図

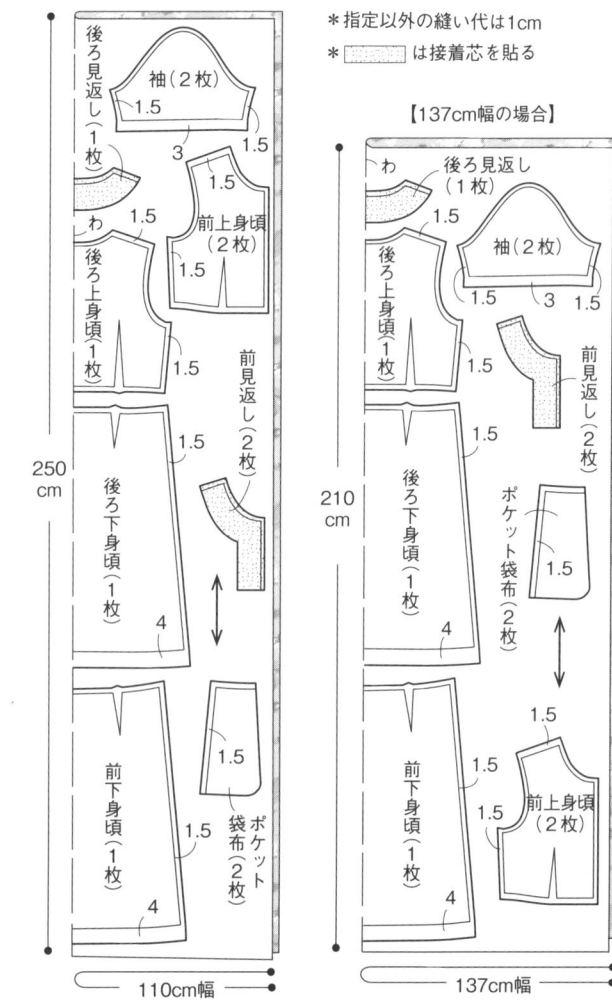

【110cm幅の場合】

＊指定以外の縫い代は1cm
＊ は接着芯を貼る

【137cm幅の場合】

作り方順序

＊ 見返しに接着芯を貼り、見返し・脇・
　肩・袖下・袖口の縫い代の始末をする
1　上・下身頃のダーツを縫う
2　身頃と見返しの肩を縫う
3　見返しをつける
4　上・下身頃の右脇を縫う
5　ポケットを作り、つける
6　ウエストを縫う
7　左脇を縫い、ファスナーをつける
8　袖を作り、つける
9　裾を始末する

＊p72のワンピースの作り方
とほぼ同じですが、切り替
え布をつけずに仕上げます

3 見返しをつけます
①〜②まではp73の4の①〜②を参照

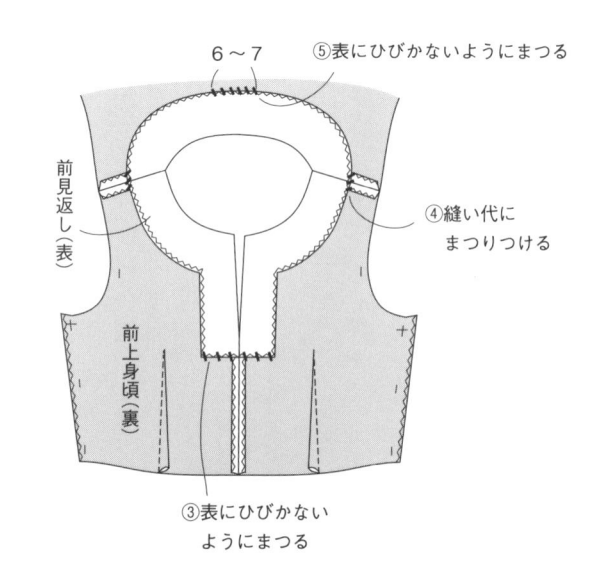

⑤表にひびかないようにまつる
6〜7
前見返し（表）
④縫い代にまつりつける
③表にひびかないようにまつる
前上身頃（裏）

4枚はぎワンピース ※この作品のみ2号展開です

p32

でき上がり寸法（9/11号の順）
バスト…92/96cm
着丈…101.5cm（2サイズ共通）

実物大型紙(2面／H)
H 前上身頃　H 後ろ上身頃　H 前見返し　H 後ろ見返し
H 前下身頃　H 後ろ下身頃　H リボン　H リボン通し

材料（2サイズ共通）
表布（綿）…110cm幅×350cm ／ 137cm幅×290cm
接着芯…90cm幅×60cm
コンシールファスナー…56cm1本
スプリングホック…1組

裁ち合わせ図

【110cm幅の場合】
【137cm幅の場合】

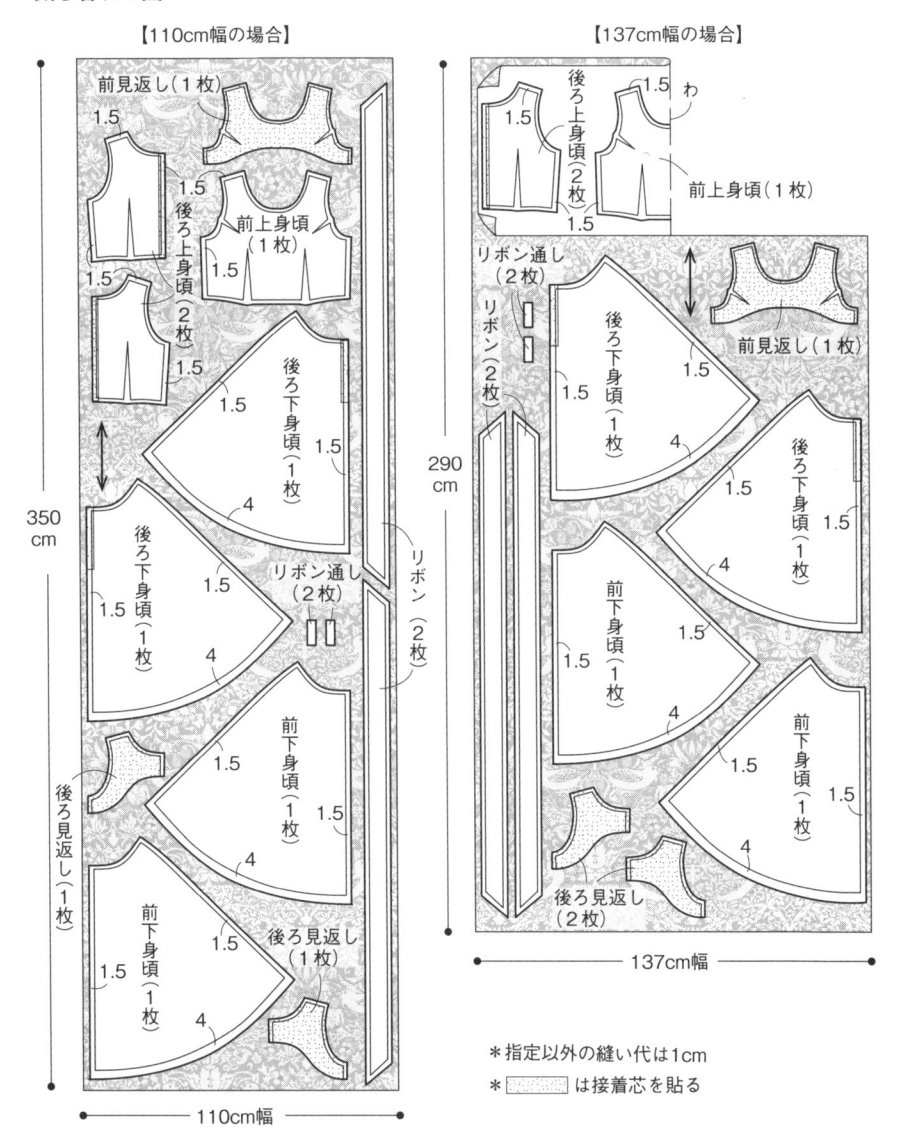

* 指定以外の縫い代は1cm
* ▨は接着芯を貼る

作り方順序

* 見返しとファスナーつけ位置に接着芯を貼り、見返し・脇・スカートの前・後ろ中心の縫い代の始末をする

1. ダーツを縫う（→p46）
2. 身頃と見返しの肩を縫う
3. 見返しをつける
4. 上身頃の脇を縫う
5. 下身頃の前中心と脇を縫う
6. ウエストを縫う
7. 後ろ中心を縫い、ファスナーをつける（→p48）
8. 裾を始末する（→p50）
9. スプリングホックをつける（→p50）
10. リボン通しを作り、つける（→p57の8）
11. リボンを縫う

2 身頃と見返しの肩を縫います

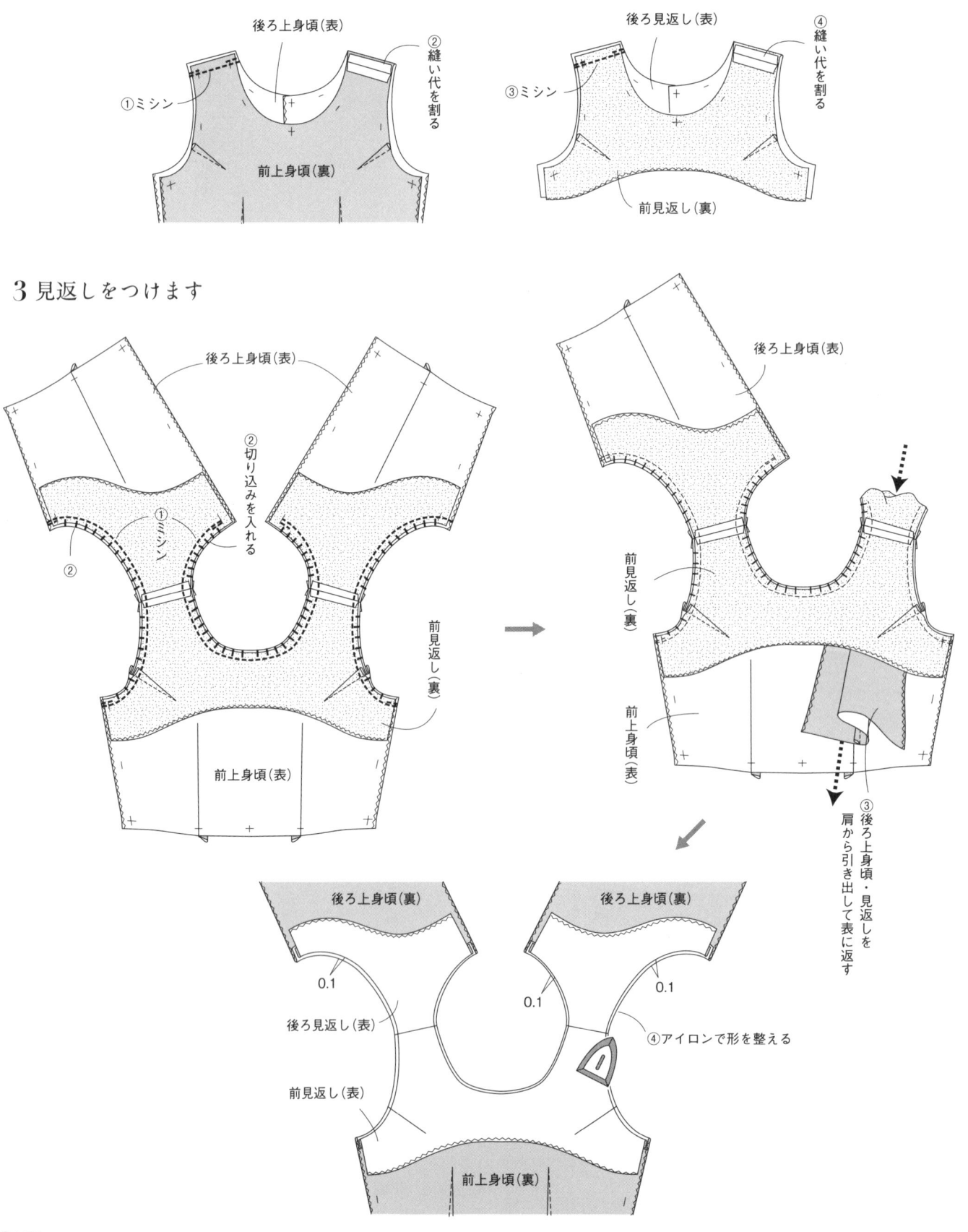

- 後ろ上身頃(表)
- ②縫い代を割る
- ①ミシン
- 前上身頃(裏)

- 後ろ見返し(表)
- ④縫い代を割る
- ③ミシン
- 前見返し(裏)

3 見返しをつけます

- 後ろ上身頃(表)
- ②切り込みを入れる
- ①ミシン
- ②
- 前見返し(裏)
- 前上身頃(表)

- 後ろ上身頃(表)
- 前見返し(裏)
- 前上身頃(表)
- ③後ろ上身頃・見返しを肩から引き出して表に返す

- 後ろ上身頃(裏)
- 後ろ上身頃(裏)
- 0.1
- 0.1
- 0.1
- 後ろ見返し(表)
- ④アイロンで形を整える
- 前見返し(表)
- 前上身頃(裏)

4 上身頃の脇を縫います

- 前見返し（表）
- ①見返しから続けてミシン
- 前上身頃（裏）
- 前見返し（表）
- ③縫い代にまつりつける
- 前上身頃（裏）
- ②縫い代を割る

5 下身頃の前中心と脇を縫います

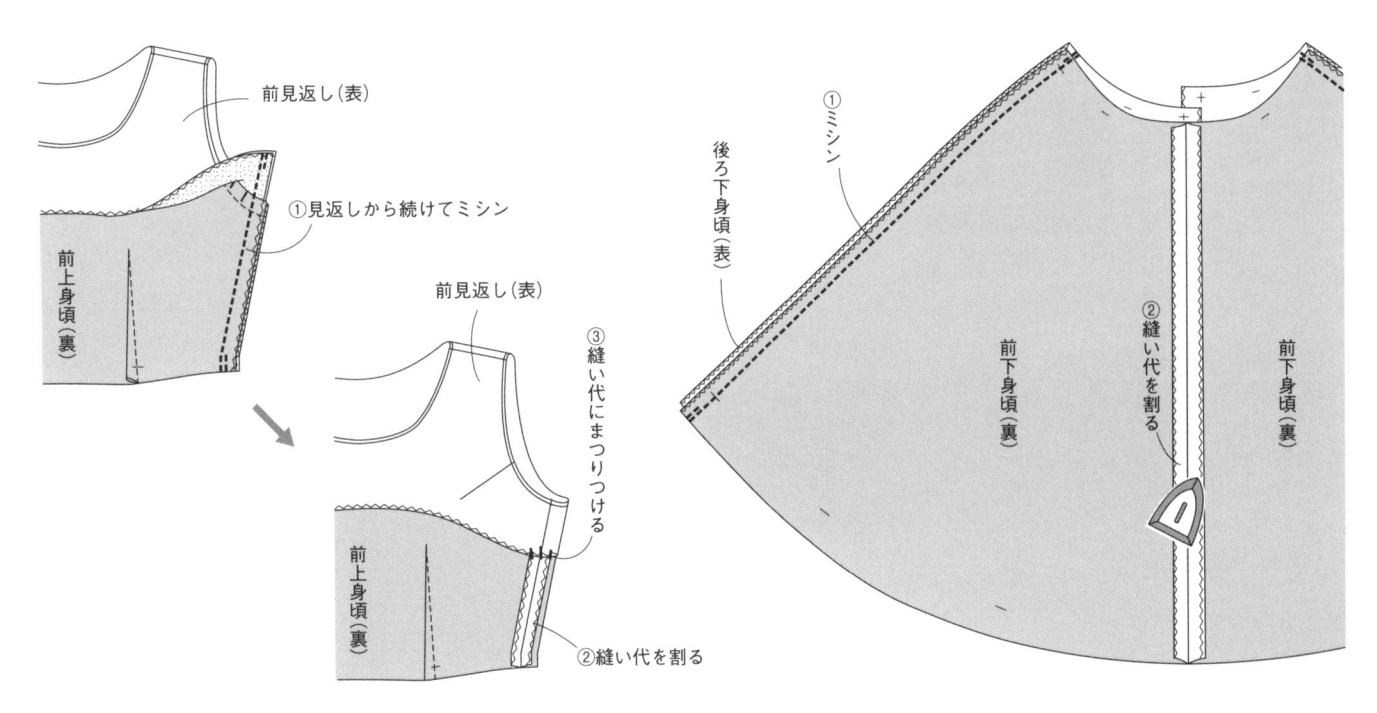

- ①ミシン
- 後ろ下身頃（表）
- ②縫い代を割る
- 前下身頃（裏）

6 ウエストを縫います

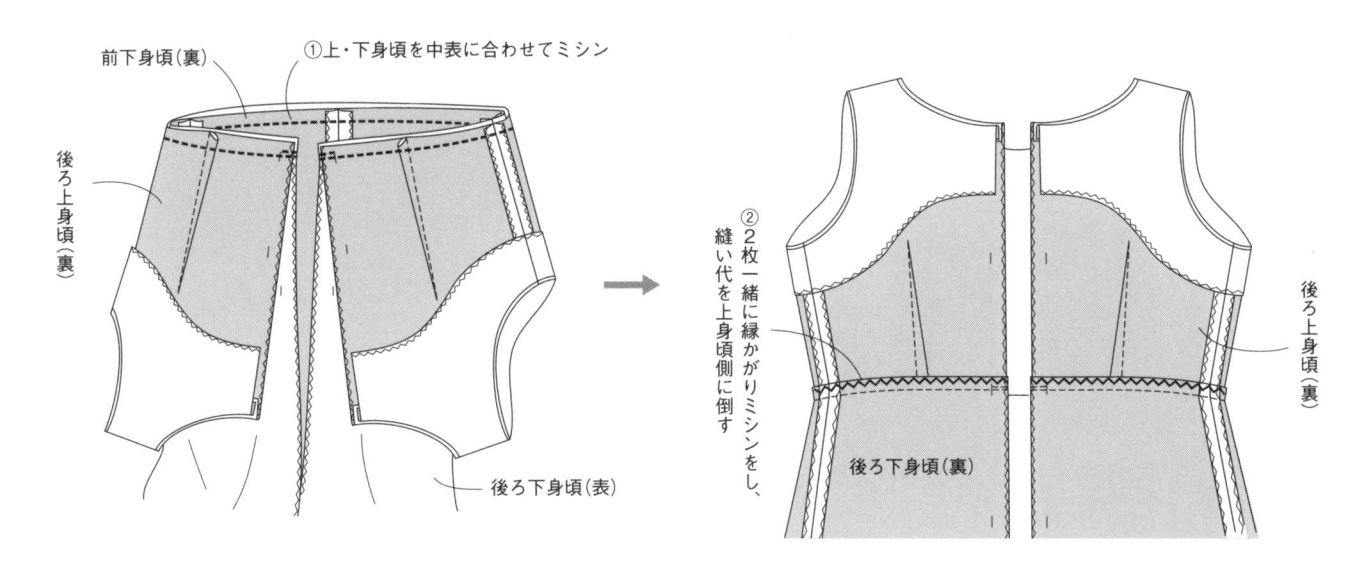

- 前下身頃（裏）
- ①上・下身頃を中表に合わせてミシン
- 後ろ上身頃（裏）
- 後ろ下身頃（表）
- ②2枚一緒に縁かがりミシンをし、縫い代を上身頃側に倒す
- 後ろ上身頃（裏）
- 後ろ下身頃（裏）

11 リボンを縫います

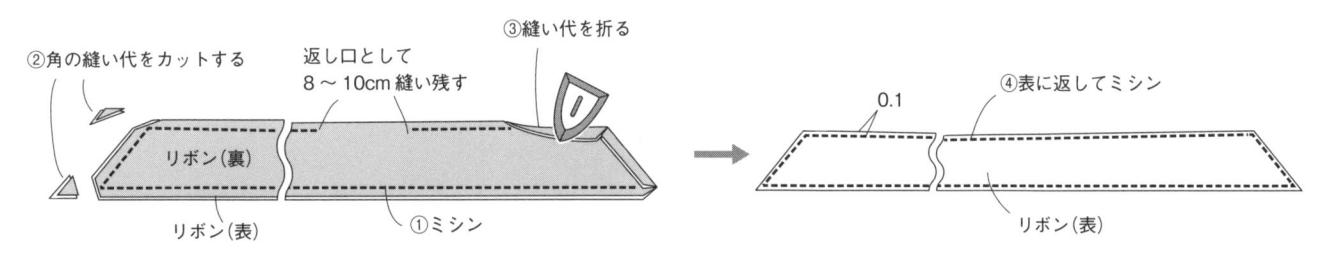

- ②角の縫い代をカットする
- 返し口として8〜10cm縫い残す
- ③縫い代を折る
- リボン（裏）
- リボン（表）
- ①ミシン
- 0.1
- ④表に返してミシン
- リボン（表）

タイトスカート

p23（コートはp65） 　p34（ジャケットはp68）

でき上がり寸法（9/11/13号の順）
ウエスト…75/79/83cm（ローウエスト）
スカート丈…49.5cm（3サイズ共通）

実物大型紙（2面／I）
I 前スカート　I 後ろスカート
I 前ヨーク　I 後ろヨーク
I 前見返し　I 後ろ見返し

材料（3サイズ共通）
表布（p23は麻、p34は綿麻混紡）
…110cm幅×120cm／137cm幅×90cm
接着芯…90cm幅×30cm
コンシールファスナー…22cm1本
スプリングホック…1組

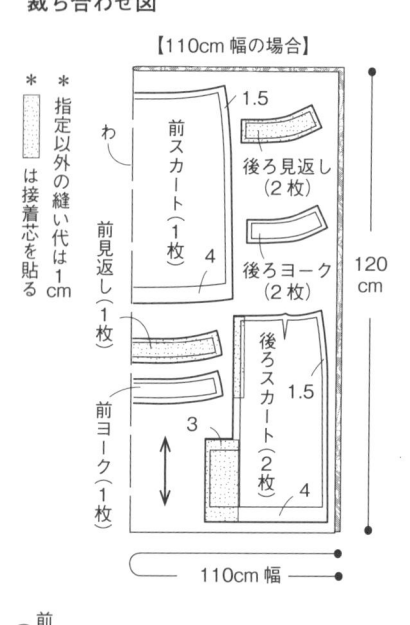

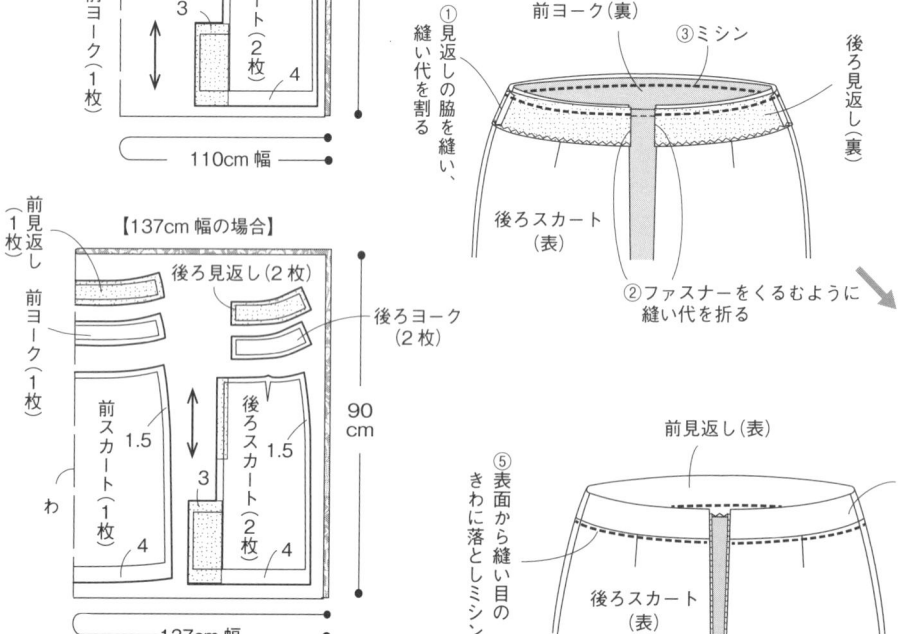

作り方順序
* 見返し・持ち出し・ベンツの見返し・ファスナーつけ位置に接着芯を貼り、脇・後ろ中心・見返しの縫い代を始末する
1. ダーツを縫う（→p46）
2. ヨークをつける（→p59の3）
3. ベンツを縫う（→p47）
4. 後ろ中心を縫い、ファスナーをつける（→p48）
5. 脇を縫う（→p59の4）
6. 見返しをつける
7. 裾を始末する（→p50）
8. スプリングホックをつける（→p50）

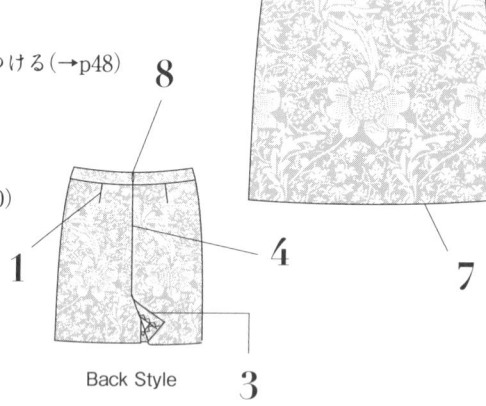

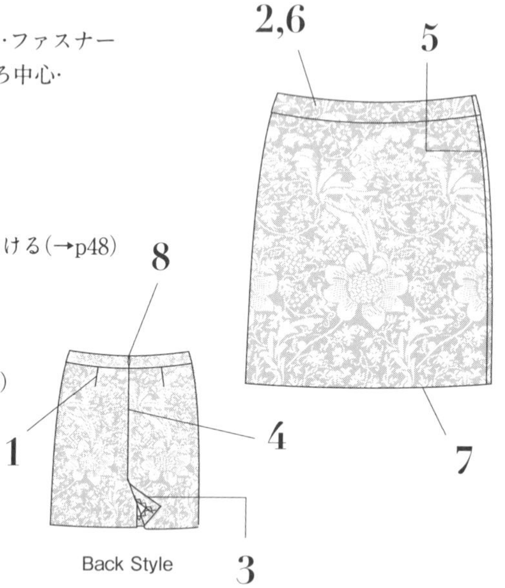

裁ち合わせ図

【110cm幅の場合】
* 指定以外の縫い代は1cm
** は接着芯を貼る

前スカート（1枚）
後ろ見返し（2枚）
前見返し（1枚）
後ろヨーク（2枚）
前ヨーク（1枚）
後ろスカート（2枚）
1.5　4　3　120cm　110cm幅

【137cm幅の場合】
前見返し（1枚）
後ろ見返し（2枚）
前ヨーク（1枚）
後ろヨーク（2枚）
前スカート（1枚）
後ろスカート（2枚）
1.5　3　4　90cm　137cm幅

Back Style

6 見返しをつけます

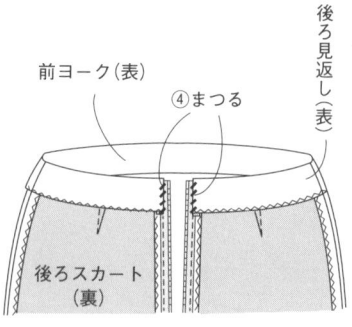

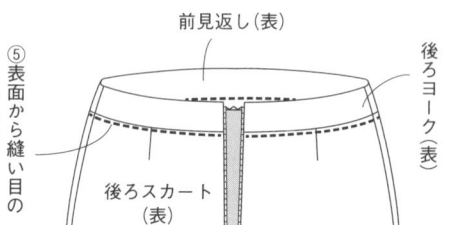

① 見返しの脇を縫い、縫い代を割る
前ヨーク（裏）
③ ミシン
後ろ見返し（裏）
後ろスカート（表）
② ファスナーをくるむように縫い代を折る

前ヨーク（表）
④ まつる
後ろ見返し（裏）
後ろスカート（裏）

前見返し（表）
⑤ 表面から縫い目のきわに落としミシン
後ろヨーク（表）
後ろスカート（表）

Basic Lesson 5

グレーディング

洋服を、さらに自分にフィットする形に近づけたり、自分好みのサイズ感にしたいとき、型紙を調節する方法を知っておくと便利です。
調節する幅は1cmくらいが目安。9号を1cm詰めると7号に、13号を1cm広げると15号になります。

基本ワンピースのバストサイズを調節したい

〈サイズアップ〉
身頃の型紙を脇または中心で平行に伸ばすと、身幅(バスト、ウエスト、ヒップともに)が広がります。

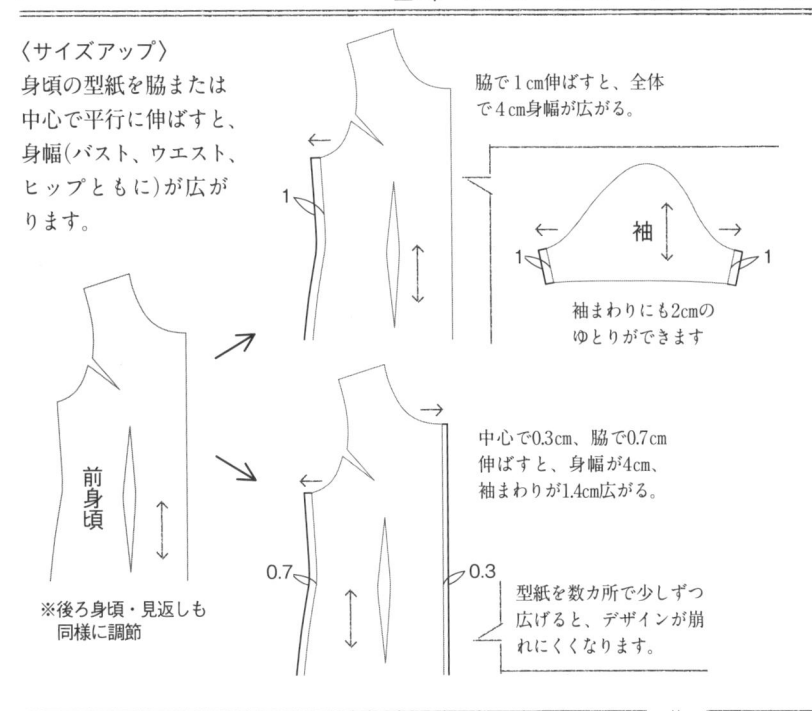

脇で1cm伸ばすと、全体で4cm身幅が広がる。

袖まわりにも2cmのゆとりができます

中心で0.3cm、脇で0.7cm伸ばすと、身幅が4cm、袖まわりが1.4cm広がる。

型紙を数カ所で少しずつ広げると、デザインが崩れにくくなります。

※後ろ身頃・見返しも同様に調節

〈サイズダウン〉
身頃の型紙を脇で平行に詰めると、身幅(バスト、ウエスト、ヒップともに)が狭くなります。

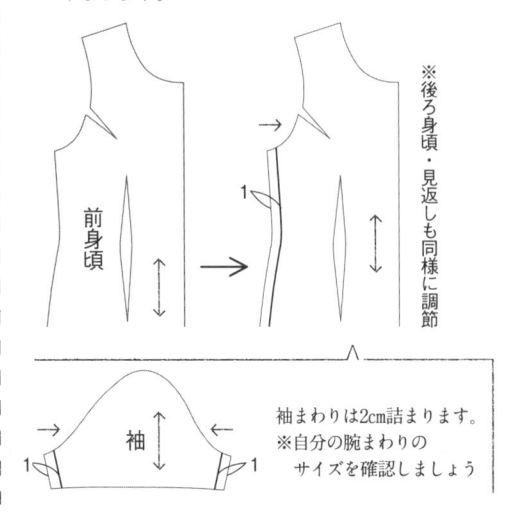

※後ろ身頃・見返しも同様に調節

袖まわりは2cm詰まります。
※自分の腕まわりのサイズを確認しましょう

スカートのヒップサイズを調節したい

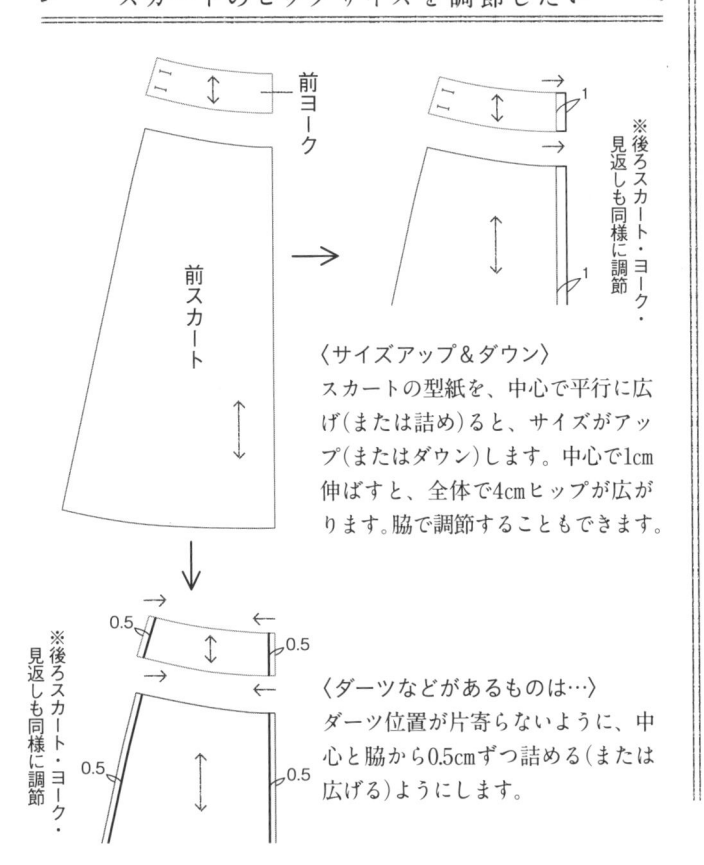

※後ろスカート・ヨーク・見返しも同様に調節

〈サイズアップ&ダウン〉
スカートの型紙を、中心で平行に広げ(または詰め)ると、サイズがアップ(またはダウン)します。中心で1cm伸ばすと、全体で4cmヒップが広がります。脇で調節することもできます。

〈ダーツなどがあるものは…〉
ダーツ位置が片寄らないように、中心と脇から0.5cmずつ詰める(または広げる)ようにします。

※後ろスカート・ヨーク・見返しも同様に調節

袖丈やスカート丈を調節したい

仕上がり線から平行に伸ばしたり詰めたりする手軽な方法と、型紙の中心で切り開く方法があります。

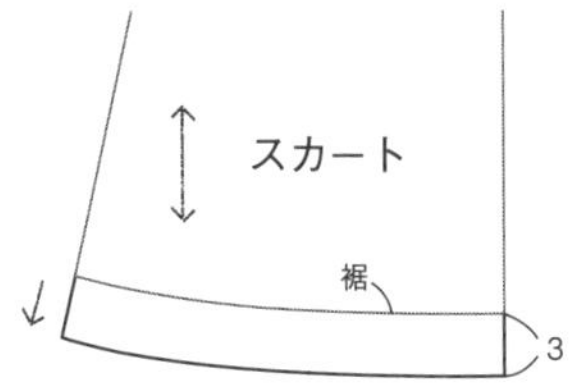

裾と平行に線を引く。細かく点を打ってから線をつなぐときれい。

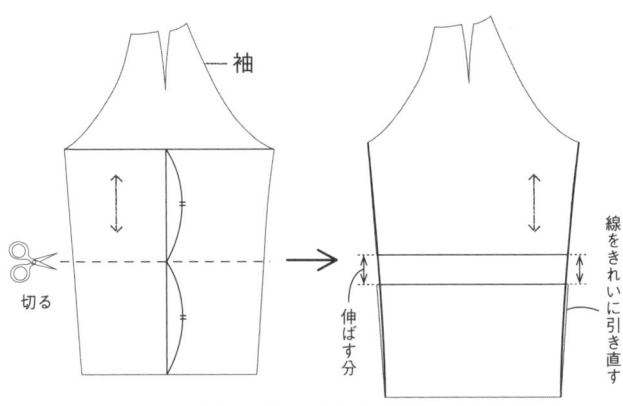

切る

線をきれいに引き直す

伸ばす分

カフス付きの袖や、裾まわりや袖口の印象を変えたくないときは、袖口に平行に切り開いて伸ばす(または詰める)。

Basic Lesson 6

押さえておきたいソーイングテクニック

作品をきれいに仕上げる最大のコツは、一つひとつの作業をていねいにすること。ソーイング経験者の方も、おさらいの意味も込めて、基本をしっかり押さえておきましょう。

まち針の打ち方

まち針は縫い線(でき上がり線)に対して垂直にとめるのが基本。縫い線に沿ってとめると、布がずれたり、指に刺さることもあるので注意しましょう。

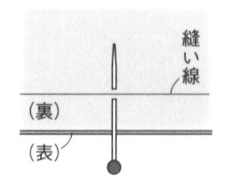

普通地
布を中表に合わせ、縫い線上を小さく布をすくう。

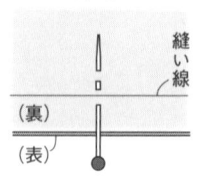

薄地
布を安定させるために2回小さくすくう。

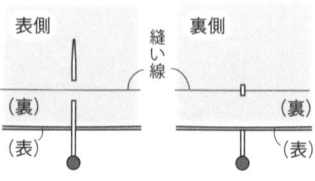

厚地
上下の布を同じ分量ですくうと、縫い線がゆがんだり、ずれたりするので、下の布は小さくすくう。

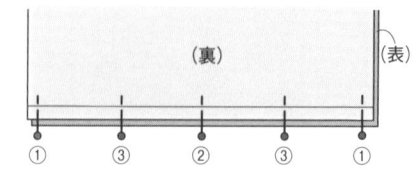

まち針をとめる順番
まずは縫い始めと縫い終わりをとめ、次はその中間もしくは合い印、最後はその間をとめていく。

しつけのかけ方

まち針だけでは布がずれそうで不安なときは、しつけをかけましょう。縫い線上にしつけをかけると、あとでミシンをかけたときに、ほどくのが大変なので、0.2cmほど縫い代側にずらします。

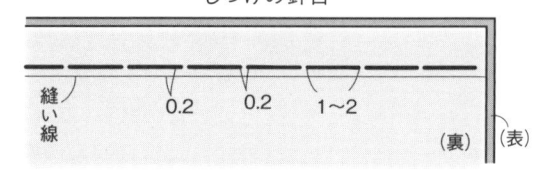

しつけの針目
厚地やしっかりとめたいときは2本どりに、薄地のときは1本どりにすると布を傷めないで縫える。

しつけ糸の準備
しつけ糸は1本の糸を輪にした状態で売られているので、束をほどいて輪をカットします。使うときは輪のほうから1本ずつ引き抜いて使います。
①束をほどく
②リボンで2カ所結ぶ
③片方の輪をカット

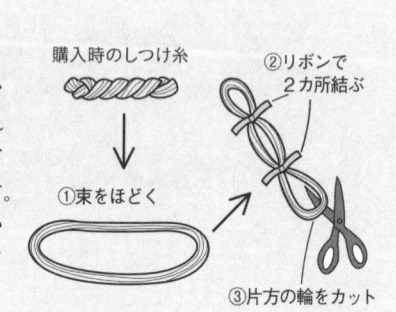

まつり縫い

裾や袖口の始末、見返しを身頃に縫いとめるときにします。まつる前にしつけをかけておくと縫いやすくなります。糸をゆるめに引きながらまつるのがポイントです。

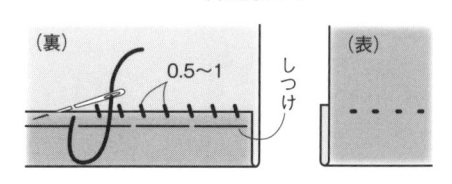

普通まつり
布端に針を出し、その位置の布の織り糸を1～2本すくう。厚地のときは布の厚みの半分をすくう。

千鳥がけ

ジャケットの裾やベンツなど折り上げた布端にします。裏布が浮かないよう折り代のみに縫いとめる方法で、左から右に縫い進めます。

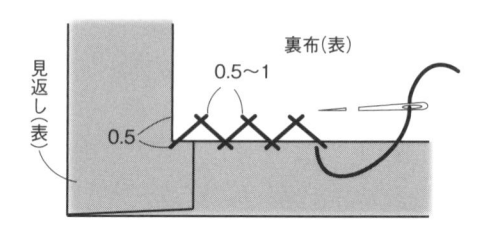

上下の布を少しすくい、糸はゆるめに引く。

Sewing Technic

ミシンのかけ方

縫い始める前に、必ず余り布で試し縫いをして、ミシンの縫い目を確認しましょう。縫い合わせるパーツを中表に合わせてまち針でとめ、まち針をはずしながらミシンをかけます。最初はミシンの速度を遅めに設定し、慣れてきたら速度を速めるとよいでしょう。

> この本ではでき上がりの印をつけないで縫うので、針板(ミシン台の目盛り)に合わせて縫う(46ページ参照)。市販のステッチ定規(ミシンに付属している場合もある)を利用してもOK。

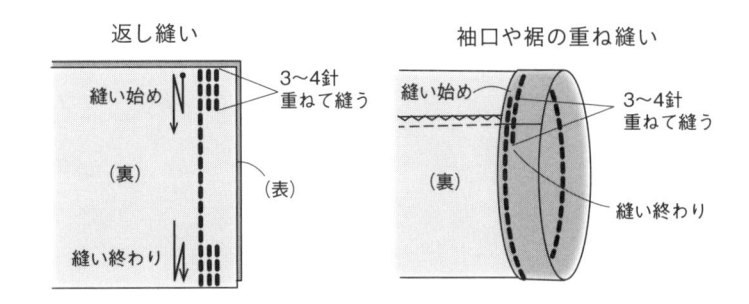

返し縫い — 縫い始め / 3〜4針重ねて縫う / (裏) / (表) / 縫い終わり

袖口や裾の重ね縫い — 縫い始め / 3〜4針重ねて縫う / (裏) / 縫い終わり

縫い代の始末

ジグザグミシンやバイアステープでくるんで縫い代を始末します。ロックミシンがあれば簡単に美しく始末ができます。バイアステープでくるむ方法は手間がかかりますが、仕上がりがワンランク上になります。

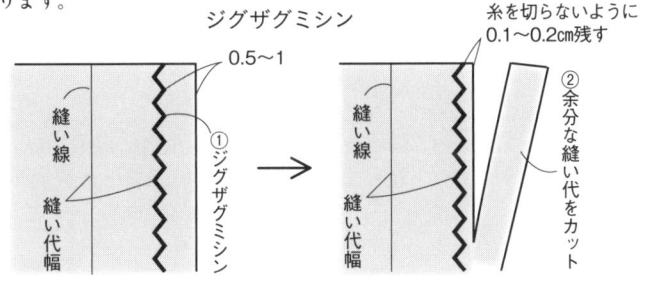

ジグザグミシン — 縫い線 / 縫い代幅 / ジグザグミシン / 0.5〜1 → 糸を切らないように0.1〜0.2cm残す / ②余分な縫い代をカット

1枚で縫うときや、薄地や柔らかい布を縫うときに縫い縮んでしまう場合は、縫い代を0.5〜1cm多めにつけて縫い、あとでカットするとよい。

両折りのバイアステープでくるむ — バイアステープ(裏) / ①ミシン / (表) → バイアステープ(表) / ②布端をくるんでミシン / (裏)

共布や薄手の木綿地、または市販のバイアステープで布端をくるむ。厚手の布は縫い代がごろついてしまうので、普通地か薄地を縫うときの始末に。

アイロンのかけ方

まずは手持ちのアイロンの温度設定を確認しましょう。スチームで縮んだり、アイロンの跡が残ってしまう素材もあるので、余り布で試しがけをし、布に変化がないか様子を見ます。素材によっては当て布をしたり、霧吹きを使うとよいでしょう。

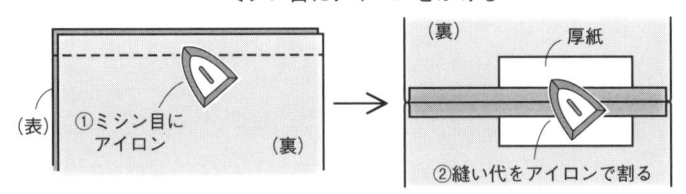

アイロンの温度設定の目安

高温 (180〜210℃)	木綿地、麻など
中温 (140〜160℃)	ウール、ポリエステル、レーヨン、シルクなど
低温 (85〜120℃)	ナイロン、ポリウレタン、アクリルなど

ミシン目にアイロンをかける — (表) / ①ミシン目にアイロン / (裏) → (裏) / 厚紙 / ②縫い代をアイロンで割る

縫い代を割ったり、片側に倒す前にミシン目にアイロンをかけると、縫い目が落ち着く。ミシンで縫ったあとにきちんとアイロンをかけることが、作品を美しく仕上げるコツとなる。

> 縫い代を割るときは、縫い代と生地の間に厚紙をはさんでアイロンをかけると、表側に縫い代の跡がひびかず、きれいに仕上がる。

profile　こうの早苗

グラフィックデザイナーの仕事を経て、
パッチワークキルト作家に。
バラをメインにした魅力的なデザインのキルトや小物にファンも多く、
最近ではシンプルで女性らしい手作り服も大人気。
在住する福岡のショップをはじめ、
全国でパッチワークの講習会やイベントに飛びまわる毎日。
デ・トゥー・クール主宰。

De tout cœur
デ・トゥー・クール
〒814-0123　福岡県福岡市城南区長尾 2-22-56
☎ 092-524-9686
営業時間　10:00〜18:00
定休日　日曜・祝日
http://www.paindepices.jp/

取材・構成／伊藤洋美
デザイン／ohmae-d（中川 純　高井伸吾　竜崎明代）
撮影／回里純子　岡 利恵子（本社）　亀和田良弘（本社）
スタイリング／井上輝美
ヘア＆メイク／秋月里美
モデル／こうの早苗

作り方解説・イラスト／大内佐和子
型紙製作・イラスト／三宅愛美
トレース／共同工芸社
型紙グレーディング／CLAYWORKS　大音富美枝
作品製作協力／大音富美枝（パターン）　有隅篤美　江頭きく子
生地協力／有輪商店（p6〜8、13、16〜18）
　　　　　http://yuwafabrics.e-biss.jp

マナ トレーディング（p10、20〜23、25〜26、31〜34）
東京ショールーム　☎ 03-5721-2831
http://www.manas.co.jp/

スタジオ協力／バルビーブロー（p6〜23、25、28〜29）
撮影協力／クロバー　http://www.clover.co.jp　☎ 06-6978-2277
フジックス　http://www.fjx.co.jp
リッカーミシン・ベルニナジャパン
http://www.bernina.co.jp
EASE PARIS　アワビーズ　UTUWA

校閲／滄流社
編集担当／石田由美

Special Thanks
ニット協力／岡本啓子（p28）
アクセサリー協力／小吹 恵（p6、7、10、13、17、19、25、32、34）
　　　　　　　　佐藤理恵（p11、24、26）

こうの早苗のおしゃれな大人服

著者　こうの早苗
編集人　石田由美
発行人　永田智之
発行所　株式会社 主婦と生活社
　　　　〒104-8357
　　　　東京都中央区京橋 3-5-7
　　　　編集部　03-3563-5361
　　　　販売部　03-3563-5121
　　　　生産部　03-3563-5125
印刷所　凸版印刷株式会社
製本所　共同製本株式会社

Ⓡ本書を無断で複写複製（電子化を含む）することは、著作権法上の例外を除き、禁じられています。
本誌をコピーされる場合は、事前に日本複製権センター（JRRC）の許諾を受けてください。
また、本書を代行業者等の第三者に依頼してスキャンやデジタル化をすることは、たとえ個人や家庭内の利用であってもいっさい認められておりません。
JRRC (http://www.jrrc.or.jp　eメール：jrrc_info@jrrc.or.jp　電話 03-3401-2382)

充分に気をつけながら造本していますが、万一、乱丁、落丁などがありました場合は、
お買い上げになった書店または小社生産部へご連絡ください。お取り替えさせていただきます。

© 2013 sanae kono
© Shufu-to-Seikatsusha 2013 Printed in Japan
ISBN 978-4-391-14341-6